歴史文化ライブラリー
480

陸軍参謀 川上操六

日清戦争の作戦指導者

大澤博明

吉川弘文館

目　次

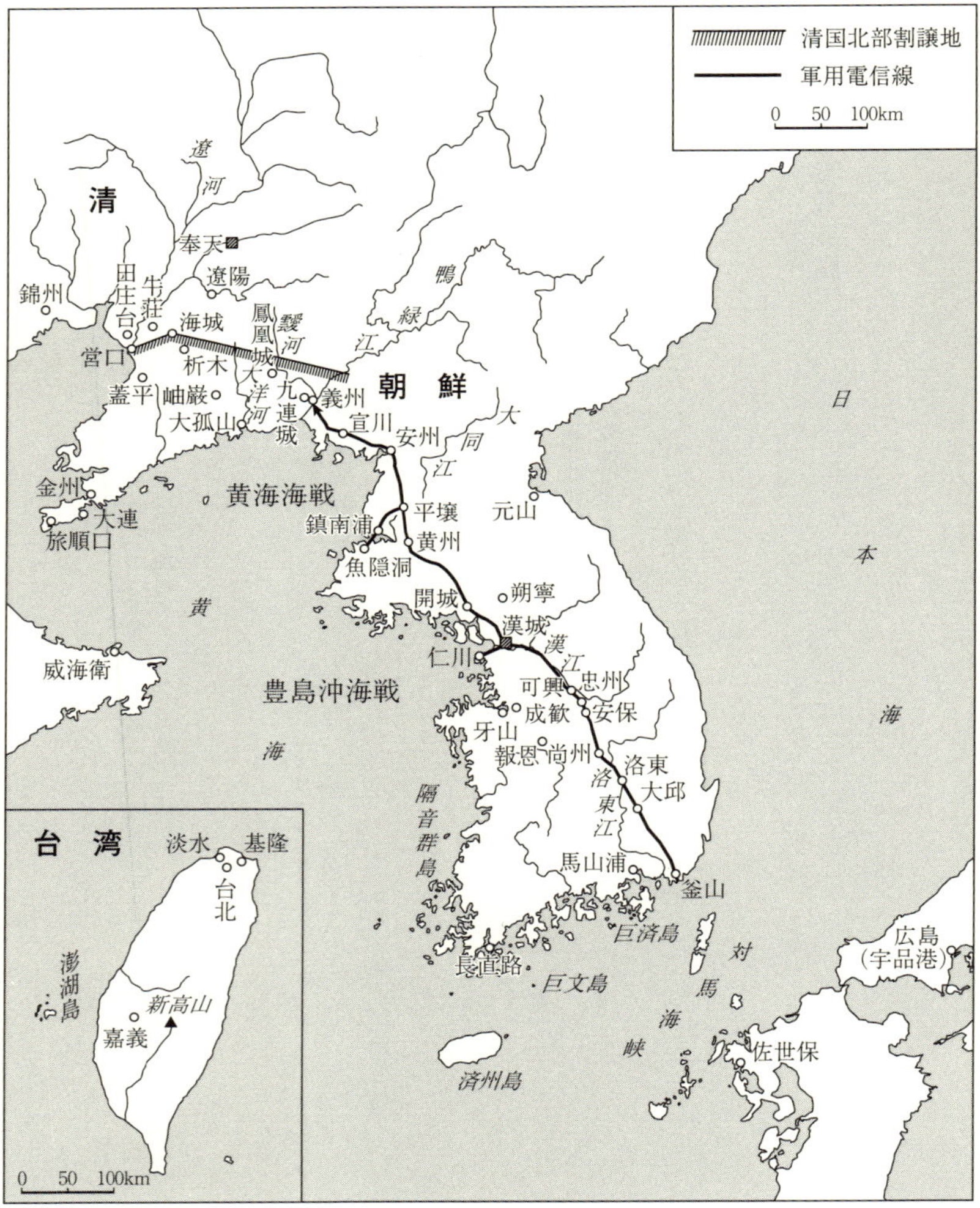
清国北部割譲地
軍用電信線
0 50 100km
清
朝鮮
遼河
奉天
遼陽
錦州
田庄台
牛荘
海城
営口
析木
鳳凰城
靉河
鴨緑江
大洋河
蓋平
岫巌
大孤山
九連城
義州
宣川
安州
大同江
元山
金州
大連
旅順口
黄海海戦
平壌
鎮南浦
黄州
魚隠洞
開城
朔寧
漢城
漢江
仁川
威海衛
豊島沖海戦
可興
忠州
成歓
安保
牙山
報恩
尚州
洛東
洛東江
大邱
黄海
隔音群島
馬山浦
釜山
巨済島
長直路
巨文島
済州島
日本海
対馬海峡
広島
(宇品港)
佐世保
台湾
淡水
基隆
台北
澎湖島
新高山
嘉義
0 50 100km

日清戦争関連地図

忘れられた陸軍軍人川上操六——プロローグ

1　忘れられた陸軍軍人川上操六

明治期の陸軍軍人である川上操六《かわかみそうろく》の名は、日清戦争とともに歴史に刻まれている。しかし、一般的に知られている存在ではない。

同じ軍人でも日露戦争で旅順攻略を担当した乃木希典《のぎまれすけ》（第三軍司令官）や二〇三高地占領の作戦指導を行った児玉源太郎《こだまげんたろう》（満洲軍総参謀長）らの苦悩や指導力は伝記を始めとして小説や映画などを通じて広く知られるところとなった。多くの犠牲者を出した日露戦争は日本にとって国力をつくした戦争であった。

日清戦争は日露戦争に比べればずっと小規模であったものの、近代日本の歩みに大きな影響を与えた。日清戦争によって日本は植民地領有国家となり帝国主義国家として歩み始めたからである。

日清戦争前の日本は、朝鮮半島をめぐる東アジアの地域的安定を自国の安全と関連づけて追求していた。それは、朝鮮や清（中国）とのアジア連帯に加えて当時の覇権国イギリスとの協調も図ろうとするものであった。こうした日本の歩みを大きく変えてしまうのが日清戦争なのである。

この戦争で初めて大本営という軍事作戦を指導する機関が設けられた。その大本営陸軍上席参謀として作戦指導の実質的責任者に就いたのが川上であった。

本書では、川上が開戦にどのようにかかわりどのように作戦指導を行ったのか、その時、どのような問題に直面したのかを描き出すことを目的の一つとする。

また、日清戦争の軍事的勝利はなぜ可能になったのか、その理由も確認したい。川上が長らく自己の活動拠点としたのが参謀本部という組織であった。参謀本部の運営も含めて、日本の軍事的近代化を振り返ってみたい。

そして、日清戦争後、特に、三国干渉によって川上率いる参謀本部がロシアとどのように向かい合おうとして戦後軍拡計画を立て、清との関係の再構築を目指したのかを描いてゆきたい。

明治陸軍の近代化と川上操六

次世代のリーダーとして認められるまで

生い立ち

川上操六《かわかみそうろく》は、嘉永元年（一八四八）一一月一一日、鹿児島城下の北方、吉野村（現鹿児島市吉野町）に父川上傳左衛門と母なか子（奈嘉子）の第三子として生まれた。幼名は宗之丞《そうのじょう》、兄・姉と弟二人の五人きょうだいであった。川上家は家禄五〇石の島津藩士であった。

父は隣村の村役同僚とはかって私費を投じて郷黌《ごうこう》を興し、藩校造士館から教師を招いて少年たちに教育をうけさせた。宗之丞は、言行がきちんとして正しく、温和・素直で、怜悧にして機敏、成功への強い志向を抱いていたという。それは「田舎武士」という汚名をそそぐ願望に由来していた。川上と同じく吉野村の出身者には桐野利秋《きりのとしあき》（陸軍少将）、別府晋介《べっぷしんすけ》（陸軍少佐）（桐野と別府は西南戦争で戦死）らがいた。彼らは城下士から面と向かって吉野唐芋と侮られた。城下士から投げつけられた屈辱を呑み込んで、将来偉人となり郷党の名誉を回復し城下士を見返してやりたい感情が宿った。

郷黌での勉強が進んだ川上は教師の推薦で藩校造士館で学ぶことになった。吉野村から造士館のある城下まで数八キロの距離を寒暑風雨をものとせず、急坂を越え、道を遮る川を渡って日々往復した。言行方正、怜悧、勤勉といった川上の性格が実を結び一八歳で造士館の教師の一員（師員）となった。

明治元年（一八六八）一月、幕府方と薩摩藩などの倒幕勢力との間で武力衝突が始まった。川上は、鳥羽《とば》・伏見《ふしみ》の戦いに藩隊の「小頭」として従軍する。小頭とは十人組の頭であり、のちの軍隊の階級で言えば下士官の軍曹に相当する地位であった。戊辰《ぼしん》戦争で川上は、越後、出羽、庄内、箱館と転戦し、その間、二〇人を率いる分隊長になっている。

図1　川上操六

陸軍軍人になる

一八七一年（明治四）四月、薩摩長州土佐三藩の兵士をもって御親兵を編成することになった。川上は陸軍中尉に任じられ御親兵大隊附となり、ほどなくして大尉に昇進した。

一八七三年、国交交渉のために西郷隆盛《さいごうたかもり》を政府使節として朝鮮に派遣するかどうかをめぐって明治政府は大分裂する（明治六年政変）。西郷は近衛都督と参議を辞め、西郷を追って二人の陸軍少将を含めて士官五〇名以上が辞職し郷里に帰った（大島明子「御親兵の解隊と征韓論政変」）。川上の郷友や先輩は一緒に辞職しようと誘った。川上は辞職を肯《かえ》んじなかった。軍職にとどまった川上を給与のためにこれまでの親しい交友関係を終わらせるような卑しい心根の漢《おとこ》だと罵倒する者もいた。

一八七七年、鹿児島私学校を拠点とする勢力が西郷を擁して挙兵した。川上は陸軍当局の熊本鎮台に対する指令を伝えるべく二月一九日に鎮台が置かれた熊本城に入り、そのまま籠城《ろうじょう》することになった。鎮台の歩兵第一三連隊長が戦闘で斃《たお》れたのをうけて、川上は連隊長心得を命じられて連隊を指揮する。五〇日余にわたる薩軍の熊本城包囲を城兵が突破し応援の官軍と合流した後、川上は連隊の二個大隊を率いて大分・宮崎・鹿児島と転戦する。

頭角をあらわす　川上は、一八七八年一一月中佐に昇進し歩兵第一三連隊の連隊長に補任され、一八八〇年五月には大阪の歩兵第八連隊長に転任し、翌年一月に仙台鎮台参謀長に異動する。

この人事は川上に仙台鎮台の業務立て直しを期待したものであった。仙台鎮台は、幕僚と部隊将校との業務区分や分担が混乱し、参謀官の本務が十分尽されていなかった。参謀部と各隊が親密でなく、各隊の将校も心を一つにして任務に取り組もうとする意欲に欠けていた。こうした事態を矯正しなければ鎮台の将校の気持ちがばらばらになってしまうかもしれないと警告されたほどであった（明治一三年東部検閲使報告、千代田四九〇）。川上は危機的状況を短期間で改善した。幕僚の本務や会計事務を始め各部署の業務は一新され、諸隊の軍紀（軍の規律）は前年よりもずっと厳粛になったと賞賛された（明治一四年東部検閲使報告、千代田四九二）。

こうした業績評価に基づくものであろう。川上は一八八二年二月には大佐に昇進し、近衛歩兵第一連隊長に補された。この頃の昇進は年功的な停年順と業績（成績）評価的な抜擢進級を組み合わせて決定されていた。陸軍卿が太政大臣に提示した抜擢進級者（歩兵中佐から大佐へ）名簿には一一名が掲載されている（一八八二年一月二六日付）。名簿記載順は、八木僴作（高知）→高島信茂《たかしまのぶしげ》（広島）→平岡芋作《ひらおかうさく》（静岡）→山口素臣《やまぐちもとおみ》（山口）→【川上→大沼渉《おおぬまわたる》（栃木）→桂太郎《かつらたろう》（山口）→奥保鞏《おくやすかた》（福岡）→山澤静吾《やまさわせいご》（鹿児島）】→児島益謙《こじまえきけん》（和歌山）→西寛二郎《にしかんじろう》（鹿児島）であった（「公文録」三四一〇）。

川上の近衛歩兵第一連隊は、軍紀は厳粛で、将校・下士官は隊務に勉励し、兵舎内での日常生活も適切に管理され、野外演習では部隊運用に高く評価できるところがあり、全体としてだんだん良い方向に向かっていると評されている（明治一六年秋季西部検閲使報告、千代田四九三）。就任から半年しか経っていなかったが歩兵連隊長として合格点を得ていたことがわかる。

スピード出世

右に見たように、川上と桂太郎は同日付で大佐となり、その後も陸軍内有数の速さで昇進してゆく。一八八五年五月一九日には一一人の陸軍少将が誕生している。昇進者名簿記載順は、品川氏章《しながわうじあき》（山口）→黒木為楨《くろきためもと》（鹿児島）→岡澤《おかさわ》精《くわし》（山口）→乃木希典（山口）→【川上→大沼→桂→奥→山澤】→大築尚志《おおつきなおし》（静岡）→永《なが》山武四郎《やまたけしろう》（鹿児島）であった（「公文録」四〇六八）。川上と桂は、先任大佐を二〇人以上も飛び越えて少将に昇進した。

川上らが短期間で昇進した背景には、一八八二年一二月に出された陸海軍の軍備拡張策があった。陸軍では、一八八八年度までに六鎮台の歩兵一四個連隊を二四個連隊に増加させ、騎兵・砲兵・工兵・輜重《しちょう》兵などの部隊も拡張することになった。こうして旅団編成であった鎮台は、二個歩兵旅団と野戦砲兵連隊ほかから成る師団編制に移行した。師団長は中将が、旅団長には少将が就くことになった。軍備拡張に伴う組織拡大は多くの役職を増加させる。このため適任者を見出し抜擢進級制を利用して速やかに昇進させる必要があったのである。

川上と桂はさらに特別待遇をうけ、五年一ヶ月の少将在職で早くも陸軍中将に昇進している（一八九〇年六月七日付）。川上らと少将同時昇進組の黒木・奥・山澤らが中将に進むまでには八～一〇年近くを要している。川上と桂は超特急昇進組なのである。

両者は陸軍における薩長閥を代表する次世代の指導者候補として抜擢されてきた。陸軍の第一人者であった長州出身の山県有朋《やまがたありとも》は、薩長の提携を重んじ、薩摩出身の大山巌《おおやまいわお》の協力を得ることに努めた。こうした事情もあり当時の陸軍では薩長のバランスが重視され、それが川上と桂の抜擢と補任に反映していたのである。

図2　桂　太郎

リーダーは、上司と同僚そして部下の援助と協力を得て任務を達成し成果を上げることができる。川上が陸軍指導者として成功するには、薩長藩閥の中で次世代の指導者候補として上司に認められその庇護をうけ、相互に利用しあえる有力な同期の同僚と結び、有能な若手将校を部下とする必要があった。そのきっかけを川上に提供したのが大山巌陸軍卿の欧州視察団への参加であった。

大山視察団への参加

一八八四年二月一六日、大山陸軍卿を長とする一行が旅立った。欧州諸国の陸軍編制や装備を調査することが目的であった。

大山の随行者は、まず、三浦梧楼《みうらごろう》中将（士官学校長、山口）、野津道貫《のづみちつら》少将（東京鎮台司令官、鹿児島）、川上操六歩兵大佐（近衛歩兵第一連隊長）、桂太郎歩兵大佐（参謀本部管西局長）、橋本綱常《はしもとつなつね》・軍医監（東京陸軍病院長）の五名が選ばれた（一八八三年一二月二五日）。

それからほぼ一ヶ月後に小池正文《こいけまさぶみ》・会計監督（陸軍省会計局副長）、志水直《しみずただす》歩兵少佐（陸軍卿傳令使、東京）、小坂千尋《こさかちひろ》歩兵少佐（陸軍大学校副幹事、山口）、村井長寛《むらいながひろ》砲兵少佐（近衛砲兵大隊長、東京）、矢吹秀一《やぶきひでかず》工兵少佐（参謀本部海防局員、静岡）、野島丹蔵《のじまたんぞう》歩兵中尉（東京鎮台附、高知）、伊地知幸介《いぢちこうすけ》砲兵中尉（近衛砲兵大隊副官、鹿児島）、原田輝太郎《はらだてるたろう》歩兵少尉（士官学校教官、長崎）、俣賀致正《またがむねまさ》・会計三等軍吏（陸軍省会計局課僚）の九名が追加された（人名と役職はMT・5・1・10・4-1所収資料による）。

儀礼や晩餐会でも川上と桂は、他の佐官級将校とは違って将官並に優遇された。ドイツ皇太子謁見では大山、三浦、野津とともに川上と桂もその栄誉に浴した。蜂須賀茂韶《はちすかもちあき》フランス公使は歓迎晩餐会にまず右三将官と川上・桂を招待し、他の随員は他日まとめて招待

図３　大山視察団（前列左から２人目が桂，３人目が大山，後列中央が川上）

した。川上と桂が次世代の指導者としての権威づけのために大山視察団に加わった側面が見てとれる。

この巡視旅行で川上は桂と濃密な接触を持つことになった。川上は部隊勤務を中心とする実務家であった。桂は一八七五年にドイツ公使館附武官に任じられて以降軍事行政の研究を行い、軍事組織の学術的管理に関心を向けていた。両者の肌合いは違っていたわけである。視察旅行を機に、川上は軍令を桂は軍政を担当し将来衝突せず協力して陸軍を担ってゆくことを誓ったという（『桂太郎自伝』九八・九九頁）。視察終盤には、川上と桂は大山一行と別行動を取りスイス遊覧に向かった（野津道貫『欧米巡回日誌』九二五頁）。二人で一週間あまり旅行するほど、川上と桂の関係は親密となった。これはその後の川上の経歴に大きな意味を持つことになる。

川上にとってこの視察旅行のもう一つの重要な部

分は、伊地知幸介を知ったことであろう。のちに、川上は伊地知を参謀本部で重用する。あたかも自らの後継者として位置づけていたかのように。伊地知はドイツ語に加えフランス語にも通じていた。一八九九年に大佐で駐英公使館附武官として赴任する時、将来は陸軍大臣か総司令官になる素質のある極めて優れた将校であるとサトウ（Ernest M. Satow）駐日イギリス公使に紹介されている（『アーネスト・サトウ公使日記』二、二〇八頁）。

視察員の役割分担

随行者にはそれぞれ担当が割り当てられていた。三浦は陸軍学校、野津と川上は軍隊編成と軍事演習、桂は参謀業務、小坂は陸軍大学校の調査といった具合である（中津匡哉「初代駐日フランス公使館附武官ブグアンの日本での活動」）。

一行は大山団長以下揃って視察したり、調査担当班ごとに視察を行った。三浦は矢吹少佐や原田少尉らと共に陸軍各種学校を視察し帰朝後に陸軍教育に関する意見書を提出している。野津は村井少佐や野島中尉と共に調査にあたりその内容を後日『欧米巡回日誌』として出版している。村井少佐と伊地知中尉はイタリア山砲隊兵営視察報告書を書き、砲兵科の者だけがフランスで火薬製造所視察を行っている。イタリア軍やフランス軍の工兵隊の編制、要塞、港湾防禦、鉄道、架橋などに関する報告書は矢吹工兵少佐がまとめた。桂と他数名は、イタリア陸軍の測量本部と電信隊を視察している。当時、参謀本部が測量課、地図課、電信課などを含んでいたからである。

「大山陸軍卿欧洲巡視日録」（以下「巡視日録」）によれば、一行は東シナ海を南下し、シンガポールを経てインド洋を渡り、スエズ運河を通過して、四〇日あまりでイタリアのナポリ港に着いた。検疫日数を短縮するイタリア政府の好意をうけて上陸した一行は、ポンペイで遺跡を見物し、ローマではバチカン宮殿を訪れ、イタリア皇帝に謁見を済ませて調査に取りかかった。以降、各国の軍学校、要塞、軍港、港湾防禦砲台、兵営、各種の演習、造兵廠、陸軍病院、被服倉庫などを視察し調査を行う。

軍隊と市民

印象的な場面を紹介しておこう。ローマ郊外で三〇〇〇人規模の歩兵・騎兵・砲兵による演習が行われ、その締めくくりに各部隊が隊形を整えて順々に行進した。これを見物していた市民は拍手喝采し喚声は四方に轟いた。この光景に一行は思わず感涙した。愛国心に満ちた精鋭な軍隊が国を守るから平穏な生活があるのだと市民が理解していたからである（「巡視日録」第四報）。徴兵忌避に悩む日本陸軍には羨ましい光景であった。

次の訪問国はフランスであった。川上はフランスの歩兵連隊に三週間近く密着し、戦闘隊形を視察し戦術の講義を聴き連隊運用全般を観察した。当該連隊長は川上よりも二〇歳も年長の五六歳であった。日本の歩兵連隊長の平均年齢は日清戦争の時で約四五歳。五六歳といえば、当時の日本人の感覚では還暦前の老人といったところである。しかし、このフランス人連隊長は元気旺盛で優れた戦術家でもあり、その厳粛な指揮ぶりは川上を感服させた（『陸軍大将川上操六』六〇頁）。

六月下旬にイギリスへ移動し、ロンドンで議会を傍聴し、アームストロング社などいくつかの軍需工場を訪れている。欧州各国の中でも特にイギリスの武器製造技術の高さは印象深かった。工場内のさまざまな機械が精妙に作動し、堅い鉄材を飴のように曲げたり延ばしたり切断するさまを目の当りにした。一行は日本と西欧諸国との工業力の差を痛感したのであった（「巡視日録」第七報）。

七月中旬、一行はロンドンを発し、ベルリンに立ち寄り、ロシアに向かった。ロシアでクロンシュタット港と砲台、野営演習などを視察して、ベルリンへ戻った（八月一二日）。ドイツには最も長く約二ヶ月間滞在する。その間、川上以下歩兵砲兵工兵の佐尉官は毎朝七時からベルリン郊外の演習地に赴き、連隊、旅団、師団といった編成規模が異なる部隊の演習見学にいそしんだ。川上らは、ベルリン郊外の練兵場で二万五〇〇〇の人員が参加した近衛軍団の観兵式を眼にしている。皇帝の閲兵後、諸隊が順次分列式を行うが、隊列は乱れることもなく非常に見事なできばえであった。ベルリン市民は練兵場に蟻集《ぎしゅう》して立錐《りっすい》の余地もないほどであり、部隊が帰営する道の両側の家々は祝旗を掲げ、人々は喝采し窓辺からハンカチーフを振り回して歓迎した。一行が眼にしたこのさまは何と表現してよいかわからないほどであった（「巡視日録」第一三報）。

川上は野外演習の講評を立ったままで行うやり方を学び日本に持ち帰った。晴天であろうと雨天であろうとかわりなかった。川上が帰国後にこの方式を実践し始め、日本陸軍全体に広がったのだという（『川上将軍』七二・七三頁）。

一行は、イギリスのリバプール港を出帆し（一一月二二日）、アメリカのニューヨークに着き（一二月一日）、ナイアガラの滝なども観光して鉄道でサンフランシスコに至り大晦日に日本に向けて出港し、一八八五年一月二五日に帰着した。

少将昇任と参謀本部次長就任

欧州視察から帰国して川上は陸軍少将・参謀本部次長に、桂は陸軍少将・陸軍省軍務局長に補せられた（一八八五年五月二一日）。この異例の昇進と抜擢人事は陸軍内部で大きな物議を醸したという。

参謀本部は、国防計画と用兵を掌り、平時から団隊の編制や動員計画を立て、外国事情を調査し、有事には最高司令官を作戦面で輔佐する機関である。プロシアは徴兵制に基づく多くの兵員を鉄道で速やかに戦地に運輸し、遠隔地での作戦も電信によって中央から前線部隊に命令を下し勝利を重ねた。普仏《ふふつ》戦争後、プロシアの陸軍制度は欧洲各国の模範となり、参謀本部制度は勝利の鍵と捉えられた（ハワード『改訂版ヨーロッパ史における戦争』一六五・一六六頁)。

フランスは一八九〇年に陸相直属の参謀本部を設置し、イギリスも時間がかかったものの一九〇四年に参謀本部制を導入した。アメリカ合衆国でもドイツの軍事専門主義を導入して陸軍大学校を開校し一九〇三年に参謀本部を設置した。南米チリではフランス流の軍事教育に代えて一八八〇年代からドイツ軍の将校と典範類を導入し徴兵制を敷き陸軍大学校と参謀本部も設立する。欧州に接したオスマン帝国では、露土《ろと》戦争(一八七七〜七八年)の敗北をうけてドイツ軍事顧問団を招きドイツ型の軍事システムを移植し、ギリシアとの希土《きと》戦争(一八九七年)に勝利して軍改革の成果を示した。

日本では、一八七一年に陸軍省内に参謀局が置かれたのを嚆矢《こうし》として第六局陸軍文庫、参謀局と変遷を重ね、一八七八年に天皇直属の参謀本部が設立された。日本の参謀本部設置は、プロシアの勝利が示した軍事的革新を敏感に捉えたものであった。

川上は、参謀本部次長として東京湾や山陰・山陽の沿岸を巡視しその目で地形を確かめ、参謀本部海防局長に海岸防禦策を計画させた。新たな職務にやる気に満ちていたように見える。海防局員には一緒に欧洲を巡った矢吹少佐がいた(『川上将軍』九一・九二頁)。

一八八五年一二月には太政官《だじょうかんせい》制を廃し内閣制を導入する大きな制度改革が行われた。長らく藤原氏の血統の者が占めていた太政大臣に代わって、能力主義に基づく人事によって伊藤博文《いとうひろぶみ》が初代内閣総理大臣に就いた。この年、伊藤は前年末に生じた朝鮮をめぐる日清紛争に際して自ら大使として清に渡り天津《てんしん》条約を締結し（一八八五年五月）、日清関係の安定を図った。そして、内閣制導入過程で日本の軍事力は、国土防禦と東アジア秩序の安定化に資するものに方向づけられることになった（大澤博明『近代日本の東アジア政策と軍事』第三章）。

こうした変革と軍備再編論の下で一八八六年三月に参謀本部条例が改正され、皇族参謀総長の下に陸海両軍の統合した参謀本部が設置された。陸軍部と海軍部の参謀部長が従来の次長に相当する地位に就き、次長であった川上は制度改革ではじかれるようにして近衛歩兵第二旅団長に転出することになった。

ドイツ留学

参謀本部次長から旅団長への転出は川上にとっては不本意であったが、乃木希典（歩兵第一一旅団長）とともにドイツで研究することになった。陸軍では師団編制に移行してまだ間がなく、師団の管理運営、教育方法などを整備してゆく必要があった。両者はそのためドイツで兵制の実務と理論を研究し日本の軍務の改善に資するため派遣されたのであった。この派遣には、通常とは異なる重みが与えられた。川上と乃木にドイツ陸軍の組織をあますことなく観察させ、日本の兵制改革に必要な経験を得られるよう便宜を図ってもらいたいとするドイツ皇帝宛の明治天皇親書が送られたのであ

図４　ドイツ留学中の川上操六（右から３人目，１人おいて乃木希典）

る（MT・5・1・10・4－1）。それは、短期間で参謀本部次長から外された川上に対する天皇の間接的慰撫であったのかもしれない。

一八八七年一月一二日に横浜港を出航した川上と乃木がベルリンに到着したのは三月一日であった。ドイツでは、参謀総長モルトケ（Helmuth von Moltke）や参謀次長ワルデルゼー（Alfred von Waldersee）に親炙《しんしゃ》し戦略用兵に関する思考を深め、ドイツ参謀本部の組織と活動について学んだ。そして、各兵科の戦術を聴講し、図上対策を学び、参謀旅行演習を行い、各兵科の部隊検閲などを見学しながら戦略戦術の研究を行った。また、グナイスト（Rudolf von Gneist）のもとを訪れ政治学の講義を聴いている（『川上将軍』九六頁、『陸軍大将川上操六』七二～八一頁）。

ベルリンでの在留邦人の集まりが催された時、軍医でドイツ留学中の森鷗外《もりおうがい》も川上と乃木に会っている。乃木は、長身巨頭、沈黙厳格の人であった。一方、川上は、瘦せ気味の体軀で、会話を楽しみ軍医部の事情にも通じており鷗外を驚かせた。川上は、陸軍軍医総監・陸軍省医務局長などを勤める石黒忠悳《いしぐろただのり》と親しく軍医部の内情も知っていたのである。川上はドイツ滞在中に腎臓機能障害に見舞われ、ベルリンの高名な内科医の診察をうけ森鷗外の治療をうける（森鷗外『独逸日記　小倉日記』一六〇・二〇二・二一一・二一二頁）。川上の病状は明治天皇へも報告されるが、これは宿痾となった。川上は一八八八年六月中旬に帰国するが、直ちに病気療養のため温泉に出かけている。

参謀本部への復帰

皇族の参謀本部長の下に参謀本部陸軍部と海軍部を置く陸海軍の統合した参謀本部は、皇族の参軍の下に陸軍参謀本部と海軍参謀本部を置く参軍官制に移行し（一八八八年五月一二日）、やがて廃止される（一八八九年三月七日）。海軍参謀本部は、海軍大臣に属する海軍参謀部となった。

統合を解消した参謀本部は、有栖川宮熾仁親王《ありすがわのみやたるひとしんのう》を参謀総長とし川上が参謀次長となって再出発する（一八八九年三月九日）。軍事行政は桂陸軍次官、軍事教育は児玉源太郎《こだまげんたろう》監軍参謀長といった布陣であった。いずれも明治軍事史にその名を留める陸軍指導者である。

軍事的近代化の日清比較

専門領域としての軍事

軍事は専門知識・技術・経験を必要とする個別の専門領域であるが、軍事的合理性が尊重されるには一定の条件を必要とした。

近世においては、道徳的教化によって敵が自ずから降伏するように仕向けるのが聖人の軍であり最上の戦術でもあるとする儒学的考えが存在した（前田勉『近世日本の儒学と兵学』一三五頁）。そこでは軍事的合理性は尊重されなかった。

荻生徂徠《おぎゅうそらい》は、戦争という手段を選ぶかどうかは勝算の有無によって決せられる問題であると論じ、そこに仁義のような道徳的判断の介入を排した。また、徂徠『鈐録《けんろく》』は、大将の号令一つで自在に部隊を動かすため日頃の訓練が重要であると強調したが、こうした考えが幕末に西洋兵法と軍事的専門性を受け容れる媒介になった（野口武彦『江戸の兵学思

想』一三三～一三九頁、前田勉『兵学と朱子学・蘭学・国学』八四・八五頁)。

幕末に欧州へ派遣された武士の眼に映った異国の軍隊は整然と運動し、そして美しかった。一万五〇〇〇人規模のフランス陸軍演習では、歩兵騎兵の軍服の美麗さに加えて、「剣の光り、鉄砲の光り、其美しき事、且勢い千軍万馬も踏破るべき有様」に心底驚いた。七〇〇〇騎ほどの騎兵隊の観兵式《かんぺいしき》には、きらびやかな軍装をした騎兵が軍馬を馳せ、運動を鼓舞し指揮するラッパやドラムの音が響き渡る中、はためく軍旗を追って諸部隊が巧みに運動を展開するさまに強く印象づけられている(尾佐竹猛『幕末遣外使節物語』二二四、二三一頁)。西洋の軍隊に美と強さを感じ取ることができたからこそ日本では軍制改革が進展した。明治初年、イギリスで大久保利通《おおくぼとしみち》も三万五〇〇〇人規模の軍演習を見た時、部隊の制服制帽などの美しさと自由自在に隊列を変換する見事な部隊運動に眼を奪われている(萩原延寿『遠い崖』第九巻、三〇〇頁)。

政治体制と軍事力の強弱は直接的関係がないとして軍事に独自の領域を認めた論者の一人に福澤諭吉《ふくざわゆきち》がいる。福澤は『兵論』(一八八二年)において、圧制政府の兵であろうが自由政府の兵であろうが、強い軍が勝ち弱い軍は敗北するのだ、軍の強弱は、軍人の数・兵器の精粗・部隊の編制や運用の巧拙・国の財政力によって決まるのであると喝破している(『福澤諭吉全集』第五巻、三〇七頁)。こうした論は明治期には官民を問わず共有されており、それが日本における軍事的近代化を促進した理由であった。

陸軍士官学校　専門知識と技術を身につけた将校が軍隊を統率するためには将校養成機関が必要となる。士官養成は明治初年から始まり、一八七四年（明治七）に設立された陸軍士官学校は、歩兵・騎兵・砲兵・工兵などの軍事専門学術に通じた専門家を持続的に養成する中心機関となった。旧制の中学校などを卒業し士官学校の入学試験を受けて三年間学習し、卒業試験に合格すれば少尉に任官して部隊に配属され実務に従事する（一八八七年からは「士官候補生」制度となり大きく仕組みが変わる）。軍事専門家を学校教育を通じて養成する仕組みは、フランスのサン・シール（St.Syr）士官学校などを参考にしたものであった（熊谷光久『日本軍の人的制度と問題点の研究』七八〜八〇頁）。

士官学校は日清戦争が始まる前年の一八九三年までに一九〇〇名余の卒業生を送り出した（山口宗之『陸軍と海軍』八二頁）。当時の現役将校数は約三四〇〇人で、日清戦争前には中隊長級の大尉の六割強を、大隊長級の少佐の三割強を占めるに至った。一〇年後の日露戦争では、連隊長や師団参謀長級の大佐の六割と少将の三割は士官学校卒業生であった（大江洋代「日清・日露戦争を通じて進んだ日本陸軍の『新陳代謝』」）。

陸軍大学校　一八八三年四月、参謀養成目的で戦術を中心としたより高度の学術を将校に授ける陸軍大学校が開校した。第一期生として入学した一九名中、所定

図5　陸軍士官学校

図6　陸軍大学校

の年限で卒業できた者は多くなかった。かなり厳格な成績評価が行われたことをうかがわせる（「密事簿」）。ドイツ陸軍少佐メッケル（Klemens W. J. Meckel）が陸大教官として来日し教鞭を執るのは一八八五年からの三ヶ年であり、参謀旅行などを通じて実践的な戦術教育を日本に移植した。

参謀本部・陸軍省・監軍部などの中央官衙、陸軍大学校・士官学校などの諸学校、師団司令部などさまざまな部署で勤務する参謀と枢要職務要員は三〇〇名近くを必要とした（「密事簿」）。陸大はこうした要員の供給源となってゆく。

日清戦争では、陸大第一期生は参謀本部員・大本営陸軍参謀、あるいは師団や軍参謀に就いた。陸大卒業生が有能さを証明したことから、戦後になると見込みがありそうな青年将校には陸大受験を勧める動きが広がり、陸大卒業がエリートコースとして定着するに至る。

徴兵制と国家の能力

一九世紀中盤以降、ヨーロッパ列国の軍隊は、徴兵制による短期勤務の後に予備役として一定の期間兵役を果たす仕組みを導入し、組織が大規模化した。そうした近代的軍は小部隊であっても非西洋地域の伝統的軍隊を打ち負かすことができた。その軍事行動にかかる費用は驚くほど安く、列国はアジア・アフリカ地域を植民地にしていった（マクニール『戦争の世界史』三四八～三五〇頁）。徴兵制に基づく近代的軍事力を整備しなければ日本の独立も維持できたどうかわからない。

徴兵制の前提は、戸籍制度などを通じて国家が個々人の居住地や生年月日を把握することである。政府は、規定年齢に達した個人へ通知して身体検査をうけさせ兵として選択し、兵舎を整備し食事を供し制服などを支給する。

兵士を教育訓練し戦時に部隊を率いるのは専門知識と技術を身につけた将校である。将校養成は士官学校によって行われるが、そのためには一般諸科学に関する教育の普及が不可欠である。軍事が専門化し複雑になるに従い、兵士にもより高い知的水準が要請される。世界水準の武器を安定的に供給することも必要である。予備役・後備役人員の名簿を作成管理し、有事に際して直ちに召集令状を届ける仕組みも整備しておかなければならない。

専門知識と技術を身につけた将校と任務に忠実な下士官と兵士を養成し、国防意識と訓練に裏づけられた高い士気と良き装備を持つ近代的軍を創り出し維持する。これができるかどうかは、行政管理能力・教育・経済財政力などを含めた一国の全体的力量が問われる。こうして創り上げられる徴兵制を基礎とする軍隊は、徴兵される側の国民から支持されなければ長続きしないし、支配者や体制にとっても信頼できる軍隊でなければならなかった。

日本で徴兵令《ちょうへいれい》が発布されたのは一八七三年一月のことであった。徴兵は満二〇歳になる男子を対象とした。士族層は農民や商人の子弟は兵として役に立たないと批判した。徴兵制は、朝鮮や清と戦争するために導入されたのだ、若者の血を絞って横浜居留外国人向けの葡萄酒《ぶどうしゅ》を造り毛布を赤く染めるのだ、といった噂が流れ社会の不安をかき立てた。いわゆる血税騒動は西日本を中心に生じたが、そこには、新たな税負担（地租改正費、学校設立費など）や社会的平等化を進める新政への不満があった（松下芳男『増補版徴兵令制定史』一九九～二〇二、二一三・二一四頁）。

実際に入営してみれば血を搾り取られはしないことがわかる。兵営での生活は、時間割に沿って訓練などが定められており、入営前の生活のリズムと比べれば忙しかった。しかし、食事は贅沢とも思われるほどで、支給される軍服やシャツは着心地が良く、兵舎は衛生に配慮した造りで快適であり、さまざまな教育をうけ除隊後の就職に役立てることもできた。こうした情況に入営者もその親戚や友人たちも安心し満足感を抱くようになる（三宅雪嶺『同時代史』第一巻、三二〇・三二一頁）。

徴兵忌避

法律第一号（一八八九年一月二一日）として公布された改正徴兵令では、常備兵役を現役三年と予備役四年とし、後備兵役を五年とした。そして、免役条項に大きな制限を加え、家庭の事情にかかる徴兵猶予の特典を廃止した。明治憲法（大日本帝国憲法、一八八九年公布）第二〇条で国民は法律の定めるところに従い兵役の義務を有すると規定されたものの、徴兵忌避が絶えることはなかった。

徴兵制は、規定年齢に達した青年全員が兵役に服するわけではない。実際に兵役に服するのは三〇人に一人ほどの割合であり不公平感が強い制度であった。社会の上流者は徴兵免役制度を利用する社会的不公正さも存在した（加藤陽子『徴兵制と近代日本 1868－1945』四六～四八、一三二～一三三頁）。一八八〇年の調査では全国で一万人を超える者が逃亡や失踪して徴兵から逃れようとした。

徴兵忌避の理由はさまざまであった。その内、兵役によって労働力を数年間奪われることへの不満や、兵営生活を終えた後に仕事に就けるかを心配する人々には対処のしようがあった。尚武会《しょうぶかい》、報国会《ほうこくかい》などと称される団体が地方行政機関の外郭団体として各地で設立され、労働力を欠くことになった家に労力や金銭をもって支援したり、徴兵員の就業積立金を準備する動きが出てくる（千代田四八四）。

徴兵制の社会的受容

軍隊の存在が社会に受け容れられるきっかけの一つは自然災害の発生であった。一八九一年一〇月、濃尾《のうび》地震によって大きな被害が生じた。家屋倒壊と火災などで多くの死傷者が出た。これに加えて、窃盗や囚人逃亡の懸念が人々の不安を一層強めた。名古屋市は警察だけでは治安維持がおぼつかない状態になった。

こうした中、軍が緊急時の治安維持と市民保護にあたった。兵士は倒壊した家屋に生き埋めになっている人々を救助し、家財道具や貴重品を持ち出すのを手伝い、消火活動にあたり、被災者に炊き出しを行い、負傷者を応急処置した。非常時における軍隊の災害救助活動に名古屋市民は満足した。それまで軍は市民と疎遠な関係にあり厄介視されもしたが、震災時の対応で軍は市民の信頼を得ることになった（『公爵桂太郎伝』乾巻、四八八～四九五頁）。

地域社会の軍隊への対応も変化が見られるようになった。軍の演習のために道路を改修したり、学校生徒が演習見学に出向くことも始まっている（千代田七五五）。これは、軍隊が地方都市において日々消費する多額の金銭による経済効果も反映し始めたのかもしれない（松下孝昭『軍隊を誘致せよ』三五頁）。軍隊に対する好印象は徴兵事務にも反映した。徴兵対象の青年たちは以前と較べて軍隊を忌避することが少なくなった（一八九二年七月二一日付川上操六宛大島久直書翰「川上操六文書」七）。

徴兵令制定から二〇年近い時間をかけて、国民と政府から信頼される軍隊が誕生しつつあったと言えよう。これは、同時代の清や朝鮮では実現できなかったものである。

清軍の割拠性

清陸軍は、清朝建国の軍事力であった八旗兵《はっきへい》、各省に駐防し警察的機能を果たす緑営《りょくえい》、太平天国の乱を鎮圧する過程で創出された勇軍《ゆうぐん》（兵）などから成っていた。これらの兵の主要武器は弓矢・槍・鉾そして火縄銃であった。勇兵の一つである李鴻章《りこうしょう》麾下《きか》の淮軍《わいぐん》（北洋陸軍）は四万人程であったが、よく装備されているのは半分もなく、規格が違う各種の西洋式小銃や大砲が混在し、武器の保存状態も劣悪であった。

清軍は割拠性という問題を抱えていた。兵制が未統一な清軍は、李鴻章の淮軍や曾國藩《そうこくはん》や左宗棠《さそうとう》の湘軍といった大きな派閥を寄せ集めたような性格を有し、全軍が一体となって作戦を行うことができなかった。そして、一隊の組織・訓練・将校選任・兵員募集等は、隊指揮官の個人的地域的紐帯《ちゅうたい》に依存していた。指揮官を交代させることはできず、将校ポストは売買されていた。有能な将校が配属されたとしても、部隊と個人的地域的紐帯を有しない限り、その力量を発揮することができなかった（蔣廷黻『中国近代史』八九・九〇頁）。

軍事的専門性の欠如

西洋の将校養成方式に倣って清が陸軍士官学校（天津武学堂）を設置したのは一八八五年であった。清では大尉級以上の将校の多くは、太平天国《たいへいてんごく》の乱で軍に身を投じ昇進した者であり、歩兵・騎兵・砲兵の近代的戦術や要塞建設の方法などを知らなかった。伝統的武科の弓矢・刀・馬術などの実技試験に合格して将校の地位に就いた者は、身体強壮で剣を振り回し、重量挙げよろしく重い物を持ち上げるほど腕力が強く、馬上から弓矢を射る事は上手だった。しかし、それは一兵士としての働きをするに過ぎず、近代兵器を用いた戦闘・戦術指揮を執ることはできず、清軍の教練は「児戯」に等しかった（「清国強弱の勢察せざるべからず」（全六回）『自由新聞』一八八四年九月一二～一八日）。

読書人・士大夫層は科挙《かきょ》合格のため『論語』などの古典を学習するが数学や物理学などの近代諸科学を学ぶわけではなかった。また、君子は器に非ざるがゆえに個別専門技術の取得は軽視された。天津武学堂の目的は、近代戦に必要な軍事専門技術を身につけた将校を育成することにあった。しかし、兵学校の生徒は怠惰で高慢であった。士官生徒の体面を汚すとして銃を分解し組み立て直したり陣地構築方法を学ぶことを拒否するのであった（『偕行社記事』四六号、一九・二〇頁）。

清軍内に軍事専門性が浸透していなかったため、清は日本軍を客観的に評価できなかった。イギリスは、開戦前の日清両軍を組織・装備・訓練などの点で一九世紀文明世界の軍隊（日本軍）と中世の軍隊（清軍）とに比した（BDFA4, pp.54-56）。ところが清は、日本軍の素質は劣悪で指揮官は近代戦術を知らないと評していた（佐藤三郎「日清戦争が清国人心に及ぼしたる影響について」）。清の軍隊が強いと信じていた官員の多くが平壌での敗北に驚くことになる。

兵匪一体の中国軍

中国では「よい鉄は釘にはしない、よい人は兵にはならない」という諺があったという。兵は人間のクズを意味した。軍隊が外寇《がいこう》を防げなくとも自国の民を虐げるだけの力はあった事を反映している。中国王朝の兵は「兵匪一体」と呼ばれるように堅気の社会から脱落した無頼の徒や山中に拠をかまえる賊などが多かった（澁谷由里『〈軍〉の中国史』）。清朝の兵も例外ではなかった。

日清戦争で成歓《せいかん》の戦いに敗れて敗走した清軍将兵は、民家に押し入り朝鮮人の衣服を奪い取り変装して逃走した（鉄壁城士編『明治義戦　征清軍記』一五五頁）。敗走した清兵が都市になだれ込めば、金銀製品を始め価値ある物品をことごとく強奪し、農民を殺して奪った馬にまたがり婦女も拉致して逃走した。敗走軍が掠奪を始めると都市駐屯の守備隊も加わった。軍隊が去った後は、匪賊《ひぞく》の出番となった。かくして市街の八割近くが灰燼《かいじん》に帰した都市もあった（「野津道貫関係文書」二九—六、川崎三郎『日清戦史』巻二、二八四頁）。官軍が群盗と化し、その後に、土匪《どひ》が湧いてとどめの掠奪を行うのは、清末から中華民国期まで見られる一種の伝統である。

ヨーロッパでは社会の階級構造を反映して国王の下に貴族やジェントリーが将校になり、兵士になったのは、まともな人間の枠を踏み外してしまったような者や社会の下層の無用者であった。犯罪者は法の追求から逃れるために兵士になった。一八世紀から一九世紀後半のイギリスで兵士になるのはこうした人々だった（キーガン『戦争と人間の歴史』一一八・一一九頁、村岡健次『イギリスの近代・日本の近代』九八・九九頁）。

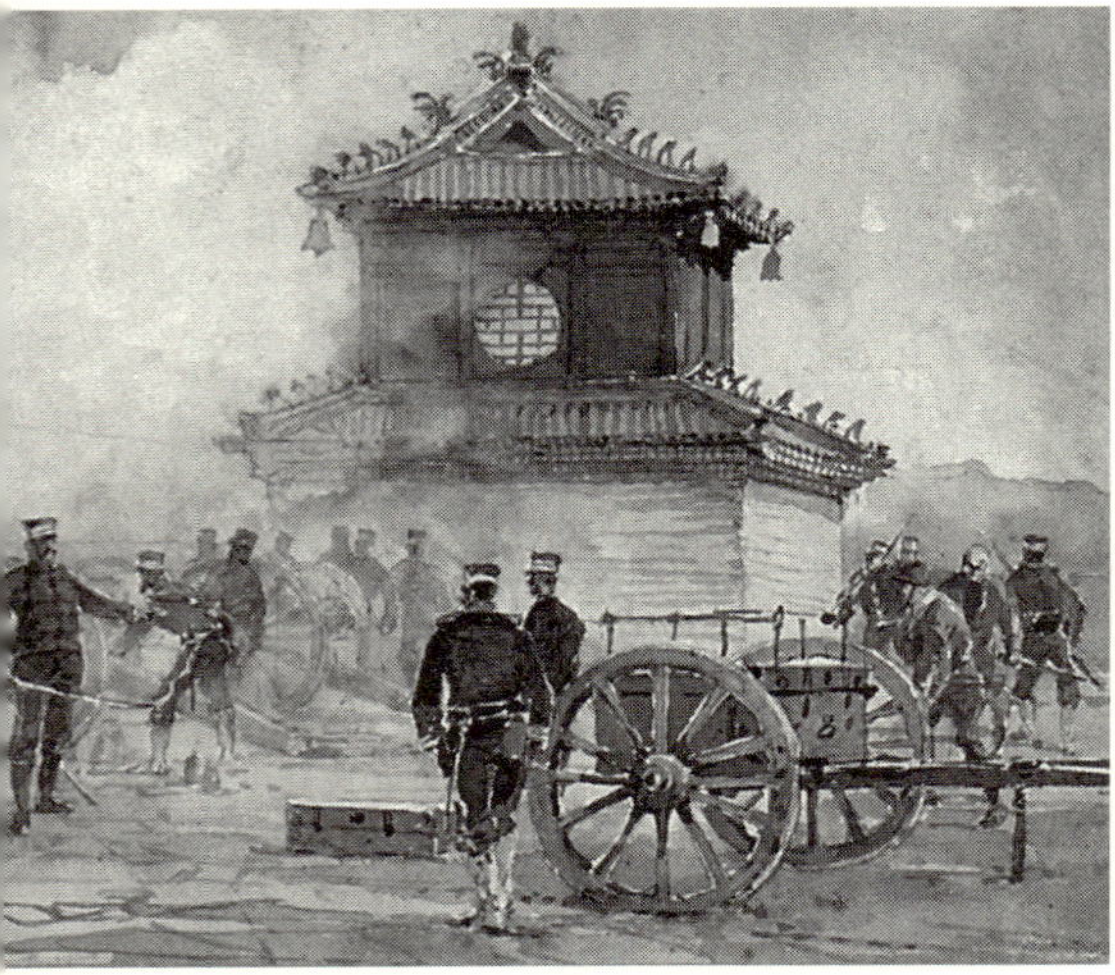

図７　戦場の日本陸軍（浅井忠画「金州城壁上」，千葉県立美術館所蔵）

良民が良兵となる徴兵制

こうした背景からプロシアでは徴兵制の導入（一八一三年）に対して多くのまともな階層の人々は反発して徴兵逃れを行った。しかし、戦勝によってプロシア軍の威信が高まり徴兵制は定着してゆく。一般徴兵制を導入することは教養を持った階層を軍隊に導き入れ、粗野で無教養な人間の集団がもたらしてきた戦争の惨禍を人道尊重によって軽減できる可能性をもたらした（片岡徹也編著『戦略論大系③モルトケ』一八〜二〇頁）。

日本の徴兵制も社会の良質な人々を軍隊に取り込み、静粛で規律正しい軍隊を形成する事につながった。江戸時代の大名行列は、しんと静まりかえった町や武家屋敷の間を咳一つせずにひ

たひたと長大な行列が通過した（渡辺浩『東アジアの王権と思想』二二三～二二五頁）。朝鮮通信使を見物する人々は、道の脇に次々に列を作って静かに並び騒ぐ者がいなかった（前田勉『近世日本の儒学と兵学』一九・二〇頁）。国王行列を見物する朝鮮の人々の騒がしさとは好対照である（原武史『直訴と王権』八九～九五頁）。

伝統的な秩序だった静けさは明治陸軍に引き継がれた。日清戦争が始まる前、朝鮮の仁《じん》川《せん》に上陸した日本兵は、ほとんど音を立てないで静かに任務に従事し、威張りちらす者もいなかった（イザベラ・バード『朝鮮奥地紀行』第一巻、二八八頁）。西洋人の眼に映った日本軍の規律は賞賛に価した。交戦中も日本兵は静であった。清の兵士は、訓練中笑ったり、おしゃべりをしたり、きょろきょろとよそ見をしたり、勝手に隊列から離れていた。にぎやかで騒々しい陣営が当たり前であった清兵にとって、沈黙の日本軍は随分と印象深かったようである（クリスティー『奉天三十年』上、二二五頁）。

川上操六と参謀本部

藩閥の一員

陸軍軍人である川上は、薩長藩閥構成員の一人として政治に関与した。薩派の領袖《りょうしゅう》黒田清隆《くろだきよたか》が総理大臣であった時、大隈重信《おおくましげのぶ》外務大臣は不平等条約改正交渉を進めていた。大審院《だいしんいん》に外国人判事を採用することなどを含む大隈案に対して、反対派は憲法に違反すると批判を浴びせた。政府内も改正断行派と反対派に分かれた。

一八八九年（明治二二）一〇月、川上は参謀次長として条約改正に関する秘密を承りたいと大隈外相を訪れイギリスとの交渉状況を確認し、薩摩出身閣僚の西郷従道《さいごうじゅうどう》（海軍大臣）、松方正義《まつかたまさよし》（大蔵大臣）、大山巖（陸軍大臣）を歴訪して改正反対論を固めさせた。川上の運動は、高島鞆之助《たかしまとものすけ》（陸軍中将・第四師団長）、樺山資紀《かばやますけのり》（海軍中将・海軍次官）、仁礼景範《にれかげのり》（海軍中将・横須賀鎮守府司令長官）といった薩派次官級実力者の合意の下で行われ、同時に、桂太郎（陸軍少将・陸軍次官）、野村靖《のむらやすし》（枢密顧問官）などの長州閥次官級実力者とも連絡を取り合っていた。

薩長藩閥は、長州では伊藤博文・山県有朋・井上馨《いのうえかおる》・山田顕義《やまだあきよし》、薩派では黒田・西郷・松方・大山といった閣僚経験の長い元勲級政治家が頂点に位置し、その下に次官級の文武官がいた。前の川上の政治活動は、軍人である川上が統治にかかわる資格を持つ藩閥構成員として承認されたことを意味する。

薩閥の一員として川上は第一次松方内閣の瓦解にもかかわった。一八九二年七月、樺山海相と高島陸相の反対を押し切って松方首相が行った閣僚人事に樺山と高島が不満を抱き辞任し、松方は内閣不一致を理由として辞表を提出した。明治天皇は松方の辞表は筋が通らないとし、他の閣僚も松方に留任を説いたこともあり、松方は首相にとどまることにした。ところが、川上と大山、仁礼が松方に辞職勧告を行ったのである（『伊藤博文関係文書』第八巻、一七七頁）。

陸海軍大臣が総理大臣の進退を左右することになれば、軍人政治の端緒を開き、国家の一大禍源となると批判された。大正政変期や昭和期には軍部大臣が辞職し内閣総辞職となる例がいくつも現出する。松方内閣瓦解はその先例になった。

川上の動きは薩派大臣間の分裂によって薩閥が衰退することを防ぐ目的であったと思わ

図8　荒尾　精

れる。条約改正問題で黒田は藩閥の指導者として大きな傷を負った。そして今また、松方が樺山・高島と対立を深めてしまえば、結果的に薩派の勢力がさらに衰退してしまうことをおそれたのだと察せられる。

情報活動

川上は長らく参謀（本部）次長の地位（一八八九年三月～九八年一月）にあってそれまで地味であった参謀本部を、ひろくアジア・欧州諸国に将校を派遣し情報を収集し作戦計画を立案する、陸軍の中枢機関の一つに変えていった。

参謀本部の情報部門の活動例として知られているのが荒《あら》尾《お》精《せい》の清国派遣である。荒尾は一八八六年から八九年にかけて情報収集にあたり、長文の復命書で以下のような論を展開している。すなわち、日本にとって、清の国力が増大すれば恐るべき存在となるし、国力が衰弱すれば西洋列国によって分割され寒心すべき事態となる。日清両国間で貿易が拡大し人々の交流も盛んになり友好関係が築ければ好ましい。しかし、日本が好意をもって接しても清は日本に対して猜疑心を持ち続けるだろうし、清は自国の強さを意識すると日本に対して脅しをかけてくるので、相互信頼は困難である。

だからといって、兵力をもって清朝を攻撃することは得策でもない。清が優勢な海軍力をもって渤海湾《ぼっかいわん》の制海権を握っている限り、日本は北京を攻撃できない。北京を攻略できたとしても、列国が干渉して領土割譲も賠償金も得られない講和となるかもしれない。また、皇帝が蒙塵《もうじん》し長期戦になれば日本は国力を消耗してしまう。

日清提携は容易に実現するとも思えず、戦争の選択肢もないとするならば、日本は表面上友好の意を示し、必要以上に清との関係に深入りしないようにする。そして、開港場や内地に人を送り込み商業を営む傍ら各種調査を行わせ、清が内乱・分裂状態になった時に手を結べる朝野の人物と接触を重ねておくことが必要である。

こうした立場から荒尾は、清朝を支える高齢化した有力者達がこの世を去る一〇年後を見すえて、日清貿易商会をその活動機関とすることを提案した（『対支回顧録』下、四八二・四九五頁）。

日清貿易研究所支援

川上や桂は荒尾の復命書を高く評価し、日清貿易研究所が設立（一八九〇年）されることになった。荒尾精（歩兵大尉）、根津一《ねづはじめ》（砲兵中尉）らは、志願者から一五〇名ほどを選抜し上海に渡った。

川上は、荒尾と根津を参謀本部から清に派遣する形をとって日清貿易研究所の事業に専

図９　日清貿易研究所の卒業生（1893年６月）

念できるようにし、小山秋作《こやましゅうさく》少尉などを研究所幹事として駐在させ（『対支回顧録』下、五九三頁）、自宅を担保にして研究所の急場をしのぐ金銭を調達したとも言われる（井上雅二『巨人荒尾精』二四六頁）。また、川上は政府に対して資金援助を求めた。山県有朋内閣で政府が補助金を交付できるかどうか議論されたものの、困難な事情もあり容易には決定しなかった。最終的に川上の尽力で内閣機密費から四万円が支出されたという（大里浩秋「宗方小太郎日記、明治26～29年」）。

　日清貿易研究所に対する資金援助は、参謀本部予算を節減することで捻出した部分もあったらしい。川上は荒尾に対して以下のように書き送っている。すなわち、他の事業を中止してこれまでやり繰りして莫大な金額を研究所に支出してきたが、こうしたことを続ければ参謀本部の事業も満足にできなくなるし、会計検査も厳格になっているので、これ以上の資金援助要請には応えられないと（『対支回顧録』下、六五五頁）。

研究所は八六人の卒業生を送り出して一八九三年に閉鎖された。荒尾の事業は失敗と見られた。川上は、多額の機密費を支出した関係で四方から攻撃をうけ、大山陸相から咎められた（馮正宝『評伝宗方小太郎』一一七・一一八頁）。日清貿易研究所の出身者は、日清戦争では通訳として従軍したり、在留して諜報活動を行う事になる。

参謀本部の組織

参謀本部条例（一八九三年一〇月三日改正）を見てみよう。

第一条　参謀本部は国防及用兵の事を掌る所とす

第二条　陸軍大将若くは陸軍中将一人を参謀総長に親補し　天皇に直隷し帷幄の軍務に参画し又参謀本部を統轄せしむ

第三条　参謀総長は国防計画及用兵に関する条規を作案し親裁の後軍令に属するものは之を陸軍大臣に移し奉行せしむ

第五条　参謀本部次長は参謀総長を輔佐し部務整理の責に任ず

第七条（事務分担規定）

第一局：動員計画、団隊編制、戦時諸規則、運輸交通

図10　参謀本部

第二局：作戦計画、要塞、団体（隊）布置、外国情報

編纂課：兵要地誌、戦史編纂、外国書翻訳

参謀本部の定員は四九人。内訳は、副官部五、第一局と第二局がそれぞれ一〇（含海軍参謀一・兼勤）、編纂課三、出仕（大尉、中尉）一三、公使館附六であった。海軍参謀将校を第一局と第二局に一名ずつを加えた理由は、平時から両軍の事情を通じさせ戦時に陸海両軍の協力一致の運動を図るためであり、欧州各国ではすでに実施されていた（「参謀本部歴史草案」明治二五～二七年）。

第一局と第二局の局員には、学術優秀で才能卓越するだけでなく実務経験に富む人物が求められた。陸大を卒業し欧州諸国で高等兵学を修め軍務経験を重ねた参謀将校候補者も増えてくる。しかし、参謀将校としての実務経験のない者をいきなり局員とすることはできない。そこで、参謀本部での勤務を経験させた後に局員とする方法がとられた。これが出仕将校制度である。その中には、軍事秘密を探るために、商業活動のための語学学習名目で、変名してロシアや清に派遣される将校も含まれた。

一八九四年七月の参謀本部人員配置（表1）に当てはめれば、第一局は、寺内正毅《てらうちまさたけ》局長が局務全体と動員を、戦時規則を田村怡與造《たむらいよぞう》が、編制を東條英教《とうじょうひでのり》が、運輸交通を山根武亮《やまねたけすけ》がそれぞれ高級局員として局員と出仕将校を指揮し事務を分担していたと推測される。第二局は高橋維則《たかはしこれのり》局長が病気であったので作戦と情報は伊地知少佐が主任的役割を果たしたようである。上原勇作《うえはらゆうさく》は編纂課の福島安正《ふくしまやすまさ》とともに六月上旬に混成旅団の渉外を担当するため朝鮮に派遣されており、伊地知の果たした役割が大きくなったと思われる。

部員の出身地域は、東北、甲信越、四国、九州と広がりを持ち、陸軍士官学校を卒業して外国留学した者（伊地知・田村・上原など）や陸軍大学校の卒業生（東條・斎藤力三郎《さいとうりきさぶろう》・宇都宮太郎《うつのみやたろう》など）が中心となってゆく構図が見て取れる（東條の本籍は東京だがここでは岩手と記した）。

表1　参謀本部人員配置表（明治27年7月1日）

副官（軍吏を除く）
大生定孝歩兵中佐（福井・47）　村田惇砲兵少佐（静岡・39）　須知源次郎歩兵大尉（鳥取・34）

第1局（動員・編制・戦時規則・運輸交通）
寺内正毅歩兵大佐（局長，山口・42）　田村怡與造歩兵少佐（山梨・39）　山根武亮工兵少佐（山口・41）　東條英教歩兵少佐（岩手・38）　石黒千久之助歩兵大尉（愛媛・32）　立花小一郎歩兵大尉（福岡・33）

第2局（作戦・要塞・団体布置・情報）
高橋維則歩兵大佐（局長，石川・46）　伊地知幸介砲兵少佐（鹿児島・39）　上原勇作工兵少佐（宮崎・35）　福原信蔵工兵少佐（福岡・38）　青木宣純砲兵大尉（宮崎・35）　斎藤力三郎歩兵大尉（千葉・32）　由比光衞歩兵大尉（高知・32）
＊土屋光春歩兵大佐（陸軍省軍務局第1課長，愛知・46）が7月1日付で第2局長事務取扱となる

編纂課（兵要地誌・戦史・外国書翻訳）
福島安正歩兵中佐（長野・40）　倉辻明俊工兵大尉（愛媛・40）

出仕
西田治六騎兵大尉（長野・29）　松浦鼎三工兵大尉（兵庫・35）　井上仁郎工兵大尉（愛知・30）　大塚貫一歩兵大尉（静岡・39）　津川謙光歩兵大尉（鳥取・33）　松石安治歩兵大尉（福岡・35）　宇都宮太郎歩兵大尉（佐賀・30）　山田良圓歩兵大尉（高知・36）

公使館附
神尾光臣歩兵少佐（長野・38）駐清　落合豊三郎工兵少佐（島根・33）駐独　柴五郎砲兵大尉（青森・34）駐英　伊地知季清砲兵少佐（鹿児島・39）駐仏　渡辺鋳太郎砲兵少佐（愛媛・38）駐韓　楠瀬幸彦砲兵少佐（高知・35）駐露

（出典）「陸軍現役将校同相当官実役停年名簿」明治27年7月1日調（中央—軍事行政停年名簿—4・5）より作成.
（注）（　　）内は出身地と年齢.

後年の人物評論の世界では、川上が家柄とか出身地にとらわれることなく能力主義的人事を行ったと肯定的に評されている。藩閥の弊害を多くの人々が感じていたことのあらわれである。薩長の情実によって日清戦争の戦局が左右されたという噂話が当時の知識ある人にもまことしやかに受け止められたほどであった（『学海日録』第一〇巻、一五頁）。

川上の非藩閥性

川上が参謀本部を薩摩閥中心の組織にしなかった理由はいくつか考えられる。西郷兄弟や大山巌などは、島津家家臣団の中では下級武士であっても城下の加治屋町に生まれ育った。城下から外れた村で生まれの川上は、城下士から「芋」と侮蔑されていた。こうした屈辱感が川上を上昇志向へと駆り立てた。陸軍薩派の一員であることによって利益を受けながらもそれに安住できない屈折した感情があったわけである。

これに加えて、陸軍内では軍事専門性を高め能力主義的人事にそれを反映させるよう求める若手将校の要求があった。川上は次世代のリーダーとしての地位を固めるためにもこうした要望を参謀将校人事で満たしてやる必要があった。

そして、薩派の陸軍内における地位低下が影響していた。歩・騎・砲・工・輜重の各兵科現役佐官に占める鹿児島と山口出身者の割合を見れば鹿児島は山口に比べて劣勢に立たされていた。それは年とともに差が開く傾向を示した（表2～5、表中の数字は占有率〈%〉

表２　鹿児島・山口出身者の陸軍現役将校の占有率
（明治25年７月１日）

	中将	少将	大佐	中佐	少佐	大尉
鹿児島	44.4%	21.8%	11.4%	8.9%	5.5%	4.7%
山　口	33.3%	30.4%	45.6%	26.7%	14.8%	9.7%

（出典）「陸軍現役将校同相当官実役停年名簿」（中央―軍事行政停年名簿―１）より作成.
（注）①現役中・少将32人，佐官326人，大尉730人.
②現役大将は皇族２，鹿児島１（大山），山県有朋は休職扱い.

表４　鹿児島・山口出身者の陸軍現役将校の占有率
（明治29年７月１日）

	中将	少将	大佐	中佐	少佐
鹿児島	27.2%	20.7%	6.4%	8.5%	5.9%
山口	45.5%	34.5%	29.9%	11.9%	8.3%

（出典）「陸軍現役将校同相当官実役停年名簿」（中央―軍事行政停年名簿―９）より作成.
（注）①現役中・少将40人，佐官523人.
②現役大将は皇族１，鹿児島２（大山・野津），山口１（山県）.

明治28年７月１日）

中尉	少尉	将官～尉官
4.0%(44)	4.0%(39)	174人
8.1%(89)	6.3%(61)	301人
4.6%	3.7%	187人
6.5%	4.7%	174人

表３　鹿児島・山口出身者の陸軍現役将校の占有率
（明治27年７月１日）

	中将	少将	大佐	中佐	少佐	大尉
鹿児島	33.3%	23.8%	7.0%	4.4%	6.3%	3.5%
山　口	33.3%	33.3%	34.9%	28.9%	11.5%	7.9%

（出典）「陸軍現役将校同相当官実役停年名簿」（中央―軍事行政停年名簿―４）より作成.
（注）①現役中・少将30人，佐官341人，大尉736人.
②現役大将は皇族２，鹿児島１（大山），山県は休職扱い.

表５　鹿児島・山口他出身者の陸軍現役将校の占有率と人数

	大佐	中佐	少佐	大尉
鹿児島	6.3%（ 5）	10.6%（12）	9.0%（31）	3.0%（32）
山　口	31.3%（25）	14.2%（16）	9.8%（34）	5.8%（63）
石　川	6.3%	3.5%	6.4%	6.3%
福　岡	1.3%	1.8%	3.5%	3.7%

（出典）『日清戦争実記』49篇72・73頁より作成.
（注）（　　）内は人数．東京出身者は253人.

である）。

人心掌握術

川上は、自分自身が大戦略家でなくとも、参謀本部に衆智を集め自らの智とし、多くの有能な将校を各部門に配置して業務を遂行させ、それを自己の力の源泉とした。それを可能にしたのは、個性の強い部員が相互に衝突したり反目したりすることがないようにする川上の人使いの妙であった（『陸軍大将川上操六』二一一・二一二頁、『川上将軍』一〇二〜一〇四頁）。

川上が近衛歩兵第一連隊長であった頃、同第二連隊長は奥保鞏で演習の命令が他隊に比べて厳しすぎると将校から苦情が出た。奥は、「演習は遊戯ではない、実戦の下稽古である、実戦に手加減することが出来ると思うか」、若し他の連隊の命令が寛大だとすればそれは指揮官に実戦の経験が無い為めであって、そのような演習は所詮畳の上の水練でしかないと語ったという。奥連隊長の厳しさに音を上げていた将校たちは川上連隊長と比較していたのかもしれない。

川上の流儀は奥とは違った。川上が近衛第二旅団長であった頃の話である。同第一旅団長は奥少将であった。部下の将校たちは、奥は謹厳で部下に対し頗る厳正な態度で臨んだが、川上は円満な性格で部下の機嫌を損なわないやり方であったと二人の上司を比較した（黒田甲子郎『奥元帥伝』七六・七七・八〇頁）。川上は規律をもって部下を従わせるのではなく、部下の自発的服従を引き出す組織管理を行っていたわけである。

川上の柔らかな人当たりと人心掌握術は、祖母から教えられたものであった。川上の祖母は、人を使う時には小言を言ったり大声で指図するようなことがなく、いつもにこにこしながら親切丁寧に言いつけて、よくできたと褒めることが多かった。褒められて悪く思う者はいない。逆に小言を言われれば、腹の中で不満をためることになる。こうした人間の感情をよく呑み込んで人に指示を与えなければならないと、祖母は操六に教えた。

川上は、祖母の教えを実践した。部下に命令を出す時には、一方的に言いつけるのではなく、部下を呼び出しなぜその仕事を当人に任せるのかを懇切丁寧に説明した。命令をうけた部下は感激し、川上の期待に応えるべく全力をもって仕事に取り組んだ。そして、業務報告書を提出すると、これで結構だ、よくできた、と褒めた。すでに知っていることでも初めて聞いたかのように対応し、報告者に満足感を与えることもあった（『川上将軍』一〇五・一〇六頁、『陸軍大将川上操六』一九一・一九二頁）。

知識の追剝と評された元老政治家にして陸軍の長老山県有朋は、接触した相手が持つ知識を全部搾り取ろうとし、のちに陸相・参謀総長を勤める上原勇作も報告者に容赦なく質問を浴びせかけた。川上の対応はまったく違った。相手に満足感を与え自分の味方にしてしまうのである。

川上の敵を作らないやり方は山県や大山といった陸軍の先達に対する姿勢にも見られた。川上の執務室には、山県の写真を置き大山の揮毫にかかる扁額がかけられていた。山県や大山に睨まれてはやりたいこともできなくなる。陸軍の両長老に対する敬意を示す必要があった。川上は元老をおだてて満足感を与えるためには自ら頭を下げて指揮を請うのも厭わなかった（『陸軍大将川上操六』一九五・一九六頁）。

徳富蘇峰《とくとみそほう》は、初めて川上に接した時の印象を、軍人にしては珍しく腰が低い肌触りのよい漢《おとこ》であったと記している（徳富猪一郎『蘇峰自伝』二九六頁）。川上の話術は政党関係者をして自分たちに協力してくれる軍人と錯覚させることもあった。こうした人心収攬《しゅうらん》術は川上にとって大きな力であった。

日清戦争前の国防計画と対清政策

国土防禦計画

参謀本部の主要業務の一つは攻守の作戦計画案を策定することにある。一八九一年（明治二四）九月、川上は、参謀総長有栖川宮熾仁親王に対し、作戦計画・国防計画案を示している。これをうけて、翌年二月、参謀本部第二局長・高橋維則大佐が作戦計画要領案、国防に関する施政の方針案を起案した。案は参謀本部で検討され、成案を得て三月に上奏された（『熾仁親王日記』第五巻、五〇九頁、第六巻、一六・二五・二九頁）。一八九三年、参謀本部は「国防に関する施政の方針及び作戦計画要領」を策定し、将来必要とする軍備整理の項目を示した。主要なものは、海防事業（要塞建設と砲兵隊設置）であり、優先順位は低くなるが屯田兵《とんでんへい》の準師団化や四国に独立混成旅団を新設することが計画された（原剛『明治期国土防衛史』二〇二〜二〇六頁）。

国防上の最優先課題は、海岸防禦事業であった。砲台建設に着手済であったのは東京湾、紀淡《きたん》海峡、下関海峡、対馬浅海湾。この他に、およそ一三〇〇万円の経費をもって芸予《げいよ》海峡、佐世保軍港、呉《くれ》軍港、鳴門海峡防禦を整備する必要があった（第一期事業）。川上はこれらの防禦計画を一八九三年一月二七日に上奏している（「参謀本部歴史草案」明治二五～二七年）。

国防計画の要は、攻守の拠点となる瀬戸内海防禦を固めて本州・四国・九州の一体性を維持することにあった。下関海峡を閉鎖して九州との交通を確実にし（まだ関門トンネルもなければ海峡をまたぐ橋もない時代である）、芸予・紀淡・鳴門の三海峡を閉鎖し敵の侵入を防ぐ砲台を建設し四国との連絡を安全にする。そして、大阪～広島～下関を結ぶ鉄道を敷き安全かつ迅速に軍隊輸送ができるようにすることが必要であった（一八九三年九月二一日参謀総長意見書「密大日記」明治二六年）。

鉄道論と軍事中心の視点

藩閥出身の閣僚が政策の統合や調整を行うのに対して、参謀本部次長という役職に長く留まった川上は、専門技術的個別利益の追求に傾斜したように見える。

軍事目的に基づく参謀本部の鉄道論は、青森から仙台～東京～名古屋～大阪～広島～下関まで本州を縦断する中央幹線敷設論であった。島国日本では、敵軍の上陸地点を予知できない。鉄道があれば、全国各地に分散駐屯している諸団隊を迅速に敵軍の侵入点に集中し、敵に勝る兵力をもって撃退できる。本州縦貫鉄道の最重要部分は東京と大阪を結ぶ中山道鉄道であった。そこから太平洋側と日本海側に支線を敷いて港湾や都市を結ぶという構想である。参謀本部が出版した『鉄道論』（一八八八年刊）でも沿岸沿いの鉄道を軍事的観点から否定していた。

内陸路線は沿岸部近くを通す通常の敷設費用に比べてずっと高額になる。しかし、参謀本部の観点では、艦砲射撃などでトンネルや橋梁が破壊されやすい東海道線は戦時の軍隊輸送には役に立たない。中央鉄道は多くの経費がかかっても工事が困難であろうともできるだけ速やかに完成させなければならず、経済的利益よりも国防上の要請を重視し鉄道国有化を図るべきであると主張した（「日本軍事鉄道論」『東京日日新聞』一八九一年一二月一八・二〇日）。

一八九二年一〇月一日、鉄道会議が設立された。川上を議長とし、陸軍・海軍・逓信省・鉄道庁・大蔵省・農商務省・内務省などの政府側と衆議院・貴族院から議員が任命された。会議では、鉄道庁が進めていた実測に基づく全国路線調査をうけて比較線の検討が行われ、軍事的観点から経済的利益を顧みない参謀本部の意見と経済的利益を重視する鉄道庁の意見が激しく対立した（老川慶喜『近代日本の鉄道構想』一一八〜一一九頁。松下孝昭

『近代日本の鉄道政策―1890～1922年―』七二・七三頁)。

同じ軍人でも参謀本部の川上と閣僚としての大山陸相とでは大きな意見の違いがあった。大山は、海軍が存在するので敵国が自由に鉄道を破壊できるとは限らない、鉄道は一般国民の交通の利便性を向上させる事を重視しなければならない、と指摘してより広い視野で物事を捉えた(『陸軍大将川上操六』九八頁)。

軽武装と国土防禦の達成

日本の陸海軍は比較的小ぶりながらも欧州の陸海軍に同等の質を備えていると欧州の専門家に承認されるようになっていた。平時七万五〇〇〇人・戦時二五万人の動員能力を有する日本陸軍は、欧州諸国の軍と比較しても高い水準に達した常備軍であり、外寇《がいこう》を防ぎ国家の安寧を維持できる段階に至った(『偕行社記事』一二二号、一八九三年)。

日本海軍は、甲鉄戦艦を保有しておらず艦隊決戦に勝利して制海権を確保することは難しかったが、対馬海峡を掌握して朝鮮半島への陸軍兵力投入を支援できる水準であった。大陸に攻め込むには不足するものの、日本の軍事力は朝鮮問題をめぐる列国間競争において無視できない一大要素であると西洋の軍事専門家の間で評価された(『偕行社記事』一〇六号、一八九三年)。

西洋諸国の軍事専門家の評価と日本陸軍当局の評価は一致していた。一八九三年頃、陸軍当局者は国防環境を次のように捉えていた。島国日本は海岸砲台を整備して敵を防禦し、敵軍が上陸してもそれに優る防禦軍を集中して敵軍を撃退できる体制を整え、ひとたび外征を試みれば三万余の兵力を派出することができる。ロシアは極東に二万の兵力を海上輸送する能力はない。イギリスは海上輸送力はあってもインドから二万の陸兵を極東に振り向けることは難しい。清陸兵は数は膨大でも質的には恐れるに足らない。ロシアもイギリスも清も陸兵をもって日本を攻略することは難しい。日本の軍備は、東洋の形勢に決定的な影響を与えるほどではないにせよ、国家的独立を維持するには十分な段階に達している（『児玉源太郎関係文書』二三六頁）。日本は軍事面での安全を達成できた状態にあった。防禦中心の国防体制整理は、攻勢作戦が未確立であったことを示している。

朝鮮・清視察旅行

一八九二年四月中旬から二ヶ月余をかけて、高橋第二局長は同局員伊地知少佐とともに清視察旅行を行っている。これをうける形で、同年七月下旬に参謀総長は、清公使館附武官・神尾少佐に対して清の対日感情を捉え、清の軍事的経営が日本にもたらす利害を研究し、対清戦争時の軍事作戦計画策定に必要な材料を収集するよう特別訓令を出している。渤海沿岸、長江《ちょうこう》沿岸、福建台湾方面の地理や軍事的諸情報の収集も十分できていなかったのである（「参謀本部歴史草案」明治二五〜二七年）。

翌年、川上は四月から六月にかけて朝鮮・清視察旅行を行う。当初、川上一行は陸軍武官の身分を隠して釜山〜大邱〜尚州〜漢城の内陸路をたどる予定であった。このため、海外旅券に川上は「河上六蔵」、伊地知少佐は「伊地知正」、坂田厳三《さかだげんぞう》（陸軍監督）は「酒田元」、柴五郎《しばごろう》（砲兵大尉）は「柴由吉」と変名が記載された（MT・5・1・10・4－1）。

ところが、朝鮮政府が希望していた村田連発銃を寄贈する役割が川上に与えられたので、旅行は秘密ではなく公的なものになった。一行は釜山《ふざん》に立ち寄り、海路仁川に至り漢城に入った（四月二八日）。朝鮮では東学党の騒動が広まっており、日本と朝鮮政府の間では防穀令事件の賠償交渉が行われていた。川上の朝鮮行きはこれらの事件と関係があるのではないかと日本国内外で憶測がなされ疑念が抱かれた。

川上は、朝鮮国王高宗《こうそう》に謁見して村田銃と弾薬を贈り、朝鮮駐在清国代表袁世凱《えんせいがい》や国王の実父でその動向が常に耳目を集めていた大院君《たいいんくん》などと面談し、朝鮮の兵営を視察した（『日清講和関係調書集』第一〇巻、一〇二一・一〇二二頁）。

朝鮮から清に渡り、五月一二日には天津《てんしん》に到着した。天津では清の実力者である北洋通商大臣・直隷総督李鴻章に面会し、兵営・練兵・軍需工場・陸軍学校・砲台・鉄道や沿線の炭鉱などを視察した（『日清講和関係調書集』第一一巻、一三四五〜一三四七頁）。北京や万里の長城なども見物した。伊地知少佐は途中で川上一行と別れてウラジオストク視察に赴いた。

六月一六日、川上は、荒尾精・根津一・小山秋作など日清貿易研究所関係者も出迎えをうけながら上海に到着した。長江を溯り南京や漢口《かんこう》まで足を伸ばすものの、南京を拠点とする劉坤一《りゅうこんいつ》（両江総督）や武昌を根拠とする張之洞《ちょうしどう》（湖広総督）との会見は実現しなかった。参謀本部が劉坤一や張之洞と関係を持つようになるのは日清戦争後になってからである。

この旅は決して快適なものではなかった。すでに数年間清に滞在し満州・朝鮮旅行も経験があった柴五郎は、南京《なんきん》での旅舎の言葉では言い表せないほどの不潔不便さに川上はよく我慢したと記している（村上兵衛『守城の人』三五三頁）。川上は、視察出発直前の四月初めまで病床に臥せっていた。病み上がりの身で衛生環境が日本とは大きく違う朝鮮と清に九〇日もの長旅を行ったのである。

川上一行の渡清には懸念する声があった。川上に先立ち海軍の武官が視察旅行を行っており、相次ぐ軍人の視察旅行は猜疑心が強い清官員に不快感を抱かせるのではないかと心配されたのである（一八九三年四月二二日久光三郎チーフー領事代理報告、MT・5・1・10・4－1）。ところが、川上の訪清は、予想とは違って両国交際上よい結果をもたらすことになった。李鴻章は、川上一行のために特別列車を仕立て、白河を下る汽船を提供し、外国人に許さなかった砲台や兵営視察も認め、連日の饗応をもって歓待した。それは外国武官の嫉妬と不平を惹き起こすほどであり、日清間の貿易拡大にもつながると期待された（『伊藤博文関係文書』第一巻、一〇六・一〇七頁）。

川上の対清開戦決意？

朝鮮と清視察の成果について川上の伝記には、清の腐敗が極点に達していたことを看破しただけでなく、陸軍の強弱・地形・風俗・人情に至るまで観察し、清が決して畏《おそ》れるに足りないことを確信し、戦争となれば日本軍が勝てるという見込みを抱いたと記されている（『陸軍大将川上操六』一二四頁）。他方、帰国後、川上は清の事物は一方で案外不進歩なものがある一方で思いの外発達したものもあり、一般的に事業規模や計画が大きく妄りに侮れないと語っている（「川上中将の談話」『郵便報知新聞』一八九三年七月一二日）。

川上自身がこの視察旅行で、清に対して軍事的勝利を収めることができると確信し、戦争を仕掛ける機会をうかがい始めたとする証言を後年行った外務省関係者もいる。はたしてそのように言えるかどうか軍備状況から見ても疑問が残る。この当時、日本には、清と戦争するという実感は抱かれていなかったからである（宿利重一『児玉源太郎』二九五頁、『侍従武官長奈良武次日記・回顧録』第四巻、二八頁）。

参謀本部は、各師団に対し作戦計画要領（一八九三年策定）に基づく詳細な作戦準備計画を立てるよう指示し国土防禦作戦案の実地検証作業に忙しかった。一八九四年四月末から三週間にわたって宮城・福島地方で実施された川上が統監した参謀演習旅行では、敵軍主力が三浦半島を占領し国防軍を東京方面に圧迫し、同時に仙台・青森附近にも上陸したという想定で行われた（『明治軍事史』上、九〇一頁）。同じ頃、第一師団は東京湾防禦計画を練っていた（一八九四年五月二九日付川上操六宛西寛二郎書翰「川上操六文書」七）。初夏に東北方面での枝作戦への対処案を検証し、秋には主作戦の東京湾防禦案の実効性を検討する参謀演習旅行が予定されていたようである。

参謀本部は朝鮮や清に対する攻勢作戦計画をまだ立てていなかった。国防計画は内地の海岸防禦を主とする守勢作戦であった。ところが、日本の安全保障にとって政治的軍事的に重大な関係を有する朝鮮半島情勢は不安定化の度合いを増していた。

日清開戦過程の虚像と実像

謀略家としての川上操六像

天佑俠の火付けと東学党の乱

日清戦争（一八九四〈明治二七〉～九五年）の開戦過程は複雑で、未だもって十分解明されているとは言えない。川上操六《かわかみそうろく》についても正確でなかったり事実に合致しないことが語られてきた。

川上が対清開戦論者であったと印象づけようとする一つの挿話が残されている。日本に亡命していた朝鮮の政客・金玉均《きんぎょくきん》が上海で暗殺（一八九四年三月二八日）されたのをきっかけに、的野半介《まとのはんすけ》や鈴木天眼《すずきてんがん》といった面々が金玉均の「弔合戦」を清に対して行うよう陸《む》奥《つ》宗光《むねみつ》外相に求めた。陸奥は、一亡命政客の暗殺をもって直に戦争を仕掛けるなど到底できないと撥ねつけたが、なおも食い下がる的野を持て余して、戦争が可能かどうか川上に聞けと紹介状を与えて厄介払いした（『玄洋社社史』四三五～四三七頁）。

的野の清膺懲《ようちょう》論を聴いた後、川上は軍事行動の口実となる紛争を引き起こすことを教唆して在野の志士の蹶起《けっき》を促した。こうして、東学党《とうがくとう》を支援する天佑侠《てんゆうきょう》が組織されたのだと語られている（『東亜先覚志士記伝』上巻、一四四頁）。東学党の乱を朝鮮政府が自力で鎮定できず清に鎮圧を依頼し、日本も朝鮮に出兵して日清戦争となった。この文脈の下で、戦争を企てた謀略家としての川上像が示され、天佑侠が日清戦争の勃発に「貢献」したと顕彰される。

天佑侠が朝鮮で活動を始めるのは、日本が朝鮮に出兵した後のことであり、出兵や開戦のきっかけを作り出したわけではない。しかし、川上には対清戦争を引き起こすために陰謀をめぐらした軍人という人物像が刻印されてきた。そのような印象を植え付ける他の有力な史料があったからである。

川上と陸奥の謀議？

一八九四年（明治二七）六月二日、朝鮮が清に援兵依頼をするという情報をうけて、日本政府は公館・居留民保護を名目に朝鮮出兵を決定した。この時、川上と陸奥が対清戦争を引き起こすべく派遣兵力量をめぐって伊藤博文総理大臣を騙したとする有名な挿話がある。

日本が朝鮮に派兵すれば清軍は武力攻撃してくるに違いない、清軍は多くても五〇〇〇人ほどだろうからこれに勝つには八〇〇〇人ほどの兵が必要となる、ところが、伊藤総理は平和主義者なので八〇〇〇の出兵を認めそうにもない。こうした陸奥の懸念に対し、川上は「一旅団」派遣を示せばよいと言う。その兵数は二〇〇〇人くらいなので総理も異議は出さないだろう。伊藤の同意を得た上で実際には八〇〇〇人規模の「混成旅団」を出すのだと応えた。川上と陸奥は「如何にして平和に事を纏むべきかと云うを議するに非ずして、如何にして戦を興し如何にして勝つべきか」を相談したというのである（『後は昔の記他—林董回顧録』七五・七六、二五五〜二五七頁）。

参謀本部次長と外務大臣が総理大臣を欺いて戦争を始める謀議を凝らしたという「秘話」を新聞紙上で語ったのは、当時外務次官でのちに外務大臣や駐英大使を務めた林　董《はやしただす》という外交官である。日清戦争研究の多くがこの挿話を利用してきた。『陸軍大将川上操六』にもこれに類する記述がある（一二六・一二七頁）。

また、この川上の伝記（一二七頁）では、林董回顧とは別の参謀本部系統の歴史記述を利用している。六月二日、伊藤総理が混成旅団の出兵に反対したところ、参謀総長とともに閣議に出席していた川上が厳然襟を正して、政府は出兵するかどうかを決すればよい、出征兵力量を決めるのは参謀総長の権限であり他が口出をしてはならない事柄である、参謀総長は出兵の目的に適した兵力を選定するので政府は安心してもらいたい、と言い放って参謀本部の主張どおり混成旅団を派遣する事になったという話である（『統帥綱領・統帥参考』二七・二八頁)。

これは、陸軍大学校教官谷壽夫《たにひさお》歩兵大佐が一九二五年頃に行った「日清戦史講義摘要録」の記述(第一巻、二五・二六丁)がもとになっているようである。谷大佐の講義は内容的に多くの箇所が『征清用兵　隔壁聴談』(以下『隔壁聴談』と略記)と類似する。『隔壁聴談』は参謀本部部員・大本営陸軍参謀であった東條英教《とうじょうひでのり》が記したとされ、日清戦争時の参謀本部と大本営の内情を伝える貴重な史料である。しかし、そこには川上が権限論を振りかざして伊藤総理の主張を封じ込めたとは記していない。

谷大佐や『統帥参考』が記す川上の総理大臣に対する強硬な姿勢は、政府が朝鮮派兵を統制し参謀本部も政府方針に従っていたことと平仄《ひょうそく》が合わない(後述)。平時出兵でも政府の軍に対する規制を弱め、軍の発言権を高めようとする後年の参謀本部の意図を反映した記述であると考えられる。

軍は政府の統制から逃れたのか?

六月五日には大本営が設置された。大本営設置の意味についても誤解されてきた。大本営動員によって開戦はすでに決定されたも同様であって、外務当局が平和的解決を希望して対清協調的工作を施そうとも空しき努力に終わる。なぜならば、動員計画、出兵兵力量、輸送計画などはすべて統帥事項として大本営で決定されることになり、国務大臣は法制的にもまったく関与できなくなったからであると論じられてきた（藤村道生『日清戦争』五七、九六頁）。
これは、統帥権《とうすいけん》独立を濫用して陸軍が軍事行動を起こし政府を引きずった昭和期の政軍関係像を日清開戦過程に反映させたものである。しかし、実際はそうではない。

朝鮮への出兵後も政府は外交による平和的問題解決を試み、そのため、主戦論者川上は「意に反する用兵」命令を出さざるを得なかった（『川上将軍』一二三頁）。大本営が設置されても開戦前の段階では軍事は外交に従わねばならないと川上・参謀本部は考えていた。六月の出兵から七月下旬までの間、大本営は「全軍の使用、殊に団隊を朝鮮半島に派遣する事に関しては政府の掣肘を受け」続けたのである（「日清戦争」第三草案、八編三〇章）。大本営設置によって軍が政策決定権を奪い政府を戦争に引きずり込んだわけではないのである。

出兵過程の実像

参謀本部から見た出兵決定過程

朝鮮への出兵決定経緯を『隔壁聴談』(四～六丁)によって見てみよう。

金玉均が上海で暗殺された頃、清が朝鮮に内乱を醸成しその鎮圧を名目に派兵するだろうという噂が流れた。それによって朝鮮は清の属邦であるという主張の実質化を図るというのである。いわゆる東学党の乱が広まった五月になって、事の真偽をさぐるため作戦・情報を担当する伊地知幸介《いぢちこうすけ》参謀本部第二局長代理が朝鮮に派遣された。(今日では甲午農民戦争《こうごのうみんせんそう》という呼称が用いられる場合も多いが、本書では同時代の日本で使用された東学党の乱という呼称を用いる。)伊地知少佐は朝鮮で実情を探り流言が誤りではないことを知り、五月三〇日夜に川上邸で調査結果を報告した。同席したのは寺内正毅《てらうちまさたけ》大佐

（参謀本部第一局長）と大生定孝《おおぶさだたか》中佐（参謀本部副官）であった。川上と局長級幹部は日本も朝鮮に出兵すべきであると決議した。翌三一日、川上は参謀総長有栖川宮熾仁親王《ありすがわのみやたるひとしんのう》に伊地知報告の内容を具申し出兵の承認を得た。出兵はここに参謀本部の意思となった。

同日、川上は伊地知少佐を随え伊藤総理を官邸に訪い出兵を提案した。川上は朝鮮政府の援兵依頼に応じて清が出兵するに違いないと断じ、日本も「兵を朝鮮に出し以て彼れと均一の勢威を半島に保持」する必要がある主張した。伊藤は朝鮮政府の援兵依頼説は憶測に過ぎないとし、日本が先んじて出兵するのは軽率であると参謀本部の求めを拒否した。川上は持論を繰り返し訴え、伊地知に調査の詳細を陳述させ、朝鮮政府が清に援兵を依頼することは憶測や想像ではないとし、日本が出兵する必要は差し迫っていると断言した。その結果、伊藤もようやく出兵を承認した。

次いで川上は、清の出兵の多寡に関係せず「先制の勢を占」めるため混成一旅団派遣を提案した。伊藤は混成旅団派兵は多過ぎると反対し、川上は決して過大ではないと説明した。しかし、この日は出兵規模に関して物別れに終わった。

六月二日、杉村濬《すぎむらふかし》朝鮮代理公使電によって朝鮮政府が清に援兵を依頼するという情報がもたらされた。閣議は朝鮮出兵を決定した。川上は参謀総長に随って内閣会議に列し、総長に代わって論議を重ね、派遣兵力を混成一旅団とする参謀本部提案に同意を取り付けた。出兵の名義は在朝鮮公使館と居留民保護とすることに決定した。

以上が参謀本部側から見た混成旅団出兵決定過程である。川上は、参謀本部局長級幹部の合意と参謀総長の承認を得て総理大臣に出兵を内議し、政府の出兵決定をうけて閣僚会議の場で派遣兵力量の説明を行い合意を得るという手続きを踏んでいる。派遣兵力量について謀議を凝らし総理大臣を騙したわけではない。また、政府は出兵するかどうかを決定し、出兵兵力量の決定は参謀本部の専権事項であると川上が主張したとする説も直ちには受け容れられない。時の総理大臣を騙し国家の重大事である戦争を企てた無法者であるかのように貶められたことは、川上にとって不本意と言わなければなるまい。

日清共同朝鮮内政改革論と清の朝鮮併合説

参謀本部は清の朝鮮併合に対抗するために出兵を唱えた。一方政府の側では、伊藤総理と陸奥外相が日清共同朝鮮内政改革を図ろうとしていた。朝鮮半島情勢を安定させるために、伊藤政権は清と行動を共にしようとした。政府系と見られていた『東京日日新聞』は、日清両国が提携して朝鮮の「存立を保護」して以て東洋の形勢を支えるためには、両国が互いに「優先を争う」のでなく時機と便宜を考慮して「妥協交譲」する必要があると説いた。清が日本の指図に従う（「我が節度を仰ぎ」）場合もあれば「我れ清の指導を受く」こともある。これが対等な国同士の提携関係の実態であるというのである（「対韓政略に関する二箇

の撞着」『東京日日新聞』一八九三年五月二日)。

平等な関係とは、自らがシニア・パートナーとなったり、ときにはジュニア・パートナーとなるという具合に相手と役割の交換ができることである(高坂正堯『政治的思考の復権』四六頁)。日清天津《てんしん》条約以降、清が展開した政策は朝鮮の進歩と発展につながらなかった。伊藤は、朝鮮の発展と安定のために必要な方策を日本が提示する番であると考えたのである。こうして、日清両国が協力して朝鮮の内政改革を行い、安定した東アジア秩序を創り上げようとしたのである。

朝鮮の開化を支援するために清の協力を取り付けようと日本が試みていた頃、朝鮮では東学党の乱が急速に広まった。伊藤総理大臣以下政府首脳は、日清両国が内乱を鎮圧してそれを足がかりに共同で朝鮮内政改革を実行してゆくことを意図した。この目的だけならば五〇〇から一〇〇〇人ほどの歩兵を中心とした部隊派遣で足りる。日本が八〇〇〇の混成旅団を急ぎ派遣しようとしたのは、清の朝鮮併合策を牽制するためであった。

清の朝鮮併合説とは、袁世凱《えんせいがい》が漢城《かんじょう》に駐屯していた商人に扮した清兵を朝鮮内地に送り込み東学党と通じて内乱を起こさせ、それを利用して清が出兵して一気に朝鮮を併合し自ら「朝鮮総督」に就くという謀略であった(川崎三郎『日清戦史』巻一、一五七頁)。

清が朝鮮併合をねらっているとする参謀本部の判断は、六月八日着の外務省情報によって裏打ちされた。清が国王を拉致し朝鮮を併合するという説の情報源は最も信用できる筋の清国官吏であった（『日本外交文書』二七巻―二、一七一頁）。書類原本の欄外に朱筆で「特秘」と記され類例を見ない位置を与えられたこの文書は、上奏され、伊藤総理大臣・各大臣・山県枢密院議長・川上参謀次長に写しが送られた（MT・5・2・2・1）。

清は、有力な艦隊をもって朝鮮西岸の制海権を握り陸兵を仁川《じんせん》に上陸させ、「直ちに京城に進入して王都を占領」し併合を既成事実化すると予想された。清の朝鮮併合を阻止するには、先遣隊が清兵に先んじて仁川と漢城を抑え「朝鮮の死命を制する」地位を手に入れる必要があった（長岡外史『新日本の鹿島立』一二頁）。

混成旅団規模ならば清に対する牽制力になり清軍の攻撃をうけて軍事衝突となっても一定程度自立的戦闘が可能となろう。清の朝鮮併合を防ぎ清軍に日本軍攻撃を思いとどまらせるには、日本側が戦略的に先制し十分な兵力を送り込むことが必要であった。

混成旅団輸送　朝鮮に派遣される混成第九旅団（旅団長は大島義昌《おおしまよしまさ》陸軍少将）の構成は表6のとおりであり、これを二回に分けて輸送する計画が立てられた（千代田八一三）。

派兵はまず、歩兵第一一連隊の第一大隊と工兵一小隊（合計一一二三人）が先発命令を受け六月九日に広島の宇品を出港し、一二日仁川に上陸し翌日夕方に漢城の日本公使館に到着する。

六月一一～一二日にかけて、混成旅団司令部、歩兵第一一連隊（先発の一個大隊を除く）、砲兵一個中隊などが出発し一六日に仁川に到着した。

この他の部隊も合わせて、六月二一日までに日本が朝鮮に派遣した陸兵は四〇〇〇強である。

対清作戦案　朝鮮出兵を措置するとともに、川上は軍事衝突を想定して伊地知少佐（参謀本部第二局長代理）に自己の意を授けて「予定の廟算」を起草させた（『隔壁聴談』八～一〇丁）。六月上旬に作成されたと思われる「予定の廟算」は、日本軍が清軍から攻撃されたならば、紛争を拡大させ清を屈服させる決意を示し、在朝鮮清軍と交戦するだけでなく北京攻略を目標にした。

海戦に勝利し制海権を確保し、渤海《ぼっかい》湾岸に兵を上陸させ直隷平原で清軍主力と決戦を行い、北京を陥落させる。敵主力に対する迅速な攻撃を重視し交戦相手国の首都攻略を目標に選ぶことはナポレオン（Napoleon Bonaparte）以来の戦法であり、一八七〇年の普仏《ふふつ》戦争におけるプロシア軍のすばやく激しい攻勢戦略に倣おうとするものであった（『川上将軍』一五五・一五六頁）。

兵站監部	兵站司令部
○	—
—	○
46人	16人

表６　混成第９旅団輸送計画表

	歩兵	騎兵	砲　兵	工兵	輜重	衛生隊	野戦病院
１次	11連隊	半中隊	山砲１中隊	１中隊	半分	—	１個
２次	21連隊	半中隊	山砲１中隊	—	半分	半分	１個
人数	6,216人	208人	523人	292人	154人	241人	338人

（注）　第１次合計4,133人（司令部28人を含む），248匹．第２次合計3,945人，202匹．

図11　仁川に上陸した混成旅団（『日清戦争写真帖』より）

外征に必要な兵力は、朝鮮に一個師団、直隷決戦用に少なくとも三個師団と想定された。直隷決戦・北京攻略に向けて日本から直接渤海湾に野戦軍や軍需物資を輸送するのは距離的に効率が悪い。渤海湾に突き出る遼東《りょうとう》半島か山東《さんとう》半島に根拠地を確保しそこを足がかりに上陸することが合理的である。旅順《りょじゅん》か威海衛《いかいえい》の軍港がその候補であった。

六月中旬頃、参謀本部から「討清策」と題される作戦計画案が大本営に送付された（『隔壁聴談』一一〜一七丁）。「討清策」は、艦隊決戦で日本が勝利し残余の清軍艦を旅順港か威海衛に封鎖して制海権を掌握することを前提とする。本土守備などに必要な兵力を除き、出征は四個師団半、直隷決戦時の配置は以下のように割り振られた。

一　朝鮮駐留——混成一個旅団〜一個師団、盛京省の清兵力を牽制
二　威海衛付近守備——混成一個旅団、臨時策源を守備
三　洋河口・山海関付近守備——混成一個旅団、渤海湾上陸地点を守備
四　北京に向けて進軍——二個師団半〜三個師団及び攻城廠

威海衛を策源とする理由は、旅順付近よりも土地が豊饒で物資の徴発が容易であると思われたからであった。威海衛を攻略しこれを策源とし日本から部隊を集中させるのに必要な日数が五五〜六〇日、威海衛から洋河口付近に諸部隊を海上輸送し上陸させるのに一三〜一七日が必要と見込まれた。北京に向けて進軍を開始するまでに六八〜七七日かかるこ

とになる。

制海権と陸海軍の論争

日清開戦となった場合、陸海軍はどのように対処するのか。六月二一日、川上（参謀本部次長）と山本権兵衛《やまもとごんべえ》（海軍省主事）の意見交換が閣僚を前にして行われた。日露戦争時の海軍大臣でその後二度にわたって組閣する山本もこの時は一介の海軍大佐でしかなかったが、すでにその辣腕ぶりは海軍だけでなく政界にも知られ始めていた。

両者のやり取りは、以下の有名な挿話とともに知られている。川上が前の「討清策」に基づき陸軍の作戦計画を説明し「敵前上陸をも敢て行わん」とする姿勢を示したところ、黙って聞いていた山本は川上に対して陸軍には工兵隊があるかと問う。川上はもちろん有ると答える。そこで山本は、ならば工兵隊を用いて九州呼子《よぶこ》港より対州へさらに朝鮮釜山《ふざん》へ架橋して日本から朝鮮に行く道を作れば陸軍を大陸に送る苦労もなくなるだろうと言い放ち、閣僚を始めとする列席者を唖然とさせた。

山本は、海上権を制する必要性に注意を喚起し、参謀本部の作戦案は海上権や海軍の任務がどのようなものであるかを知らない無謀な仮定であり一場の戯言《たわごと》に過ぎないと痛論《つうろん》し、海軍の計画を説明した（『山本権兵衛と海軍』八〇・八一頁）。

海上権論は陸軍首脳や閣僚にとって初耳の観があったと海軍省は記述し、それが今日まで引き継がれている（戸高一成『海戦からみた日清戦争』一五一〜一五四頁）。しかし、実際はそうではなかったと思われる。海上権力が歴史に及ぼした影響を論じたマハン（Alfred T. Mahan）の著作の抄訳は『水交社記事』三七号（一八九三年七月）に掲載された。この記事が反響を呼んだので同誌四〇号（同年一〇月）から海上権力の要素が訳出され始めた。同じ頃、欧州でも同種の議論が大きな注目を集めていた。参謀本部には海軍軍令部員が配置されていた。多様な経路で陸軍や政界にも制海権論は伝わっていたと考えた方がよい。参謀本部の作戦計画案は制海権獲得を前提にした論である。山本大佐に教えられるまで政治家や陸軍首脳、参謀本部員が制海権論そのものを知らなかったかのような記述は誇張というべきだろう。

山本の主張は、制海権を確保するには前進根拠地を設定し海上輸送路（兵站線《へいたん》）を確保した後に日本から朝鮮に陸兵輸送を行うべきということであった。陸軍首脳が初耳だったとすれば、いつどこに前進根拠地を構築するのか、それまでの間はどのような方策を採るかという点（『山本権兵衛と海軍』八〇頁）であったと推測できる。

直ちに直隷に出兵する？

川上が六月下旬段階で「敵前上陸」、すなわち、清の直隷平野への上陸作戦を直ちに行おうとしたのではないかという捉え方がある（高橋秀直『日清戦争への道』四八三・四八四頁）。

第五師団の歩兵部隊は、第九旅団と第一〇旅団から成るが、参謀本部は第五師団の兵を朝鮮と清に分割派遣するつもりはなかった。

前に見たように、朝鮮に派遣された混成第九旅団は山砲編制である。野戦砲兵第五連隊は、第一・第二大隊は野砲編制で第三大隊が山砲編制である。山砲は野砲に比して威力は小さく射程も短いが、砲身と砲架を分解して運搬できる利便性があった。山がちで平坦地が少ない日本や朝鮮の地形に適合的な大砲である。六月一〇日、大本営は第五師団に対して砲兵第一第二大隊を暫く山砲編制に変更するよう命じた（『日清戦史』第一巻、九九頁）。第五師団砲兵は全て山砲編制となった。第五師団は朝鮮に派遣予定であったからである。直隷平原に送り込む砲兵部隊であるならば、野砲編制でなければならない。混成第一〇旅団を直隷に上陸させる案もなかったことは明らかである。

第五師団以外の師団は、動員令が下されていないので海外派兵できる状態ではなかった。六月二一日に川上が渤海湾岸に陸兵を上陸させる計画を閣僚の面前で得々と弁じその実行を主張していたと想像する根拠はない。

六月二一日前後の状況

川上と山本の論争は何を意味していたのであろうか。この時懸念されていたことは、清が優勢な北洋艦隊をもって朝鮮西岸を制圧し五〇〇〇強の兵力を海路牙山《がざん》と陸路平壌に増強し合計八〇〇〇近い勢力で南北から疾風迅雷の勢いで日本軍（四〇〇〇）を挟み撃ちにすることであった。そして、漢城の朝鮮兵を動かし日本軍の占領を撹乱する策を併用すれば、派遣日本軍は敗北したかもしれない（長岡外史『新日本の鹿島立』五三・五四頁）。

陸軍が直ちに採るべき対策は、混成旅団残部を朝鮮に輸送し清軍と兵力量の均衡を保つことであった。海路ならば速やかに兵力を投入できるものの、清海軍が朝鮮西岸を制圧すれば仁川港に兵を上陸させられない。確実な方法は、対馬海峡を経て朝鮮釜山に上陸して陸路漢城へ徒行することである。ただし、これでは何日もの日数を要し先着部隊の救援に間に合うかどうかわからない。

海軍の考え

これについて海軍はどのように考えていたのだろうか。六月五日付で海軍大臣は伊東祐亨《いとうゆうこう》海軍中将（常備艦隊司令長官）に対して艦隊を仁川港に回航するよう命じた。大鳥圭介《おおとりけいすけ》朝鮮公使帰任に対応するためである。六月九日仁川港にあったのは、旗艦松島以下五隻で一五日には輸送船護衛に当たっていた吉野が加わった（六隻、合計排水量一万四千トン）。この時、丁汝昌《ていじょしょう》率いる鎮遠以下の北洋艦隊（七隻、一万六千トン）が常備艦隊の後を追う形で仁川港に集まった（『日清戦史』第一巻、一二一〜一二四頁）。

中牟田倉之助《なかむたくらのすけ》海軍中将（海軍軍令部長）は常備艦隊をして清艦隊を襲撃させようとした。日本では清の朝鮮併合策によって開戦は不可避であると見られており、日本海軍よりも優勢な清艦隊に対して先制攻撃をしかけ海戦を有利に進めようとしたと考えられる。

ところが、山本海軍大佐は伊東長官に対して、清艦隊と軽々しく軍事衝突の端緒を開かないよう求めた。山本は、日清間の外交交渉が継続する間は慎重な艦隊行動が必要であるとし、常備艦隊主力を速やかに佐世保軍港に呼び寄せ軍戦備を優先すべきと考えた（『山本権兵衛と海軍』七六・七七頁）。六月一〇日時点で戦備が整っていた軍艦はわずか一〇隻。六月末になってようやく二艦隊が編成可能となり、日本海軍主力であった巡洋艦が戦備を整えるのは七月末まで待たねばならなかった。（『海戦史』上、六四〜六八頁）。

六月一五日、海軍省は仁川港にあった常備艦隊に対し佐世保に回航するよう命じた。そして、清が開戦策を決定したという情報をうけた六月二一日には、常備艦隊司令長官に対し八重山・武蔵・赤城を仁川に残し他艦を率い至急佐世保に帰航するよう再び電令した。常備艦隊が清艦隊を攻撃できないようにしたのである。海軍は日本と朝鮮仁川を結ぶ海上交通路を放棄し、主力艦の軍戦備を行い艦隊決戦準備を優先させた。六月二一日、伊東長官は松島・吉野・高雄・大和四隻を率いて佐世保に向けて仁川を出港した（『海戦史』上、五五頁）。

仁川港との海上交通路を確保するため現有戦力で先制攻撃を行う軍令部の中牟田案か、軍戦備を優先させその後に艦隊決戦を挑む山本案かの海軍内対立があったと思われる。

混成旅団残部（第二次輸送部隊）が出航する予定日の六月二四日、西郷従道《さいごうじゅうどう つぐみち》海相と中牟田軍令部長の協議結果が次のように伊東長官に伝えられた。佐世保を策源地とし、対馬・五島・釜山・巨文島・済州島の近海を扼し、もって本国と釜山の航路を守り、清艦隊をこの海域に導き邀撃《ようげき》する。そして、七月下旬に橋立・厳島・高千穂・扶桑等主力艦の戦備が完了するのを待って敵の根拠地を衝き、清海軍を破壊する策を執る予定である（「戦史編纂準備書類」一二）。海軍は山本案を採用したことになる。

混成旅団残部を載せた輸送船八隻の護衛についたのは浪速一艦だけであった。海軍の主任務は陸兵輸送船護衛ではないとする主張を実践した形であった。朝鮮西岸の海面を清海軍が制していれば混成旅団の第二次輸送は仁川上陸ができない。その場合は釜山に上陸して陸路漢城に行くことになっていた。海軍は混戦旅団の急を救うことよりも海軍軍戦備を優先させた。

政府主導という実態

政府による出兵規制

開戦前の政府と参謀本部・大本営との関係を見ておこう。この段階の特色は、政府の意向が軍の進退を左右していたことである。政府は外交的手段で問題解決を図ろうとした。大鳥公使が多数の陸兵を入京させることは不都合であるとして後続兵派遣中止を具申したところ、政府は参謀本部に混成旅団残部出発を見合わせるよう要請し川上らの計画に制約を加えたのである（『隔壁聴談』一七・一八丁）。

参謀本部にすれば、政府の措置は朝鮮に派遣した部隊を危機に陥らせるものであった。制海権を日本側が握る保証がない以上、清に先んじて仁川や漢城を軍事的に制し混成旅団を完成させておかなければならない理由があったからである。もし開戦となり清の艦隊が朝鮮西岸を制圧すれば日本は軍隊を朝鮮半島に送り込むことが困難になるが、清は陸上と海上から大軍を朝鮮に安全迅速に輸送できる。朝鮮半島に孤立した日本軍が清の大軍によって殲滅《せんめつ》させられる最悪の事態を防ぐには、混成旅団が朝鮮の戦略的要地を先に占め清軍を制馭できる地位に立っておかなければならない。こうした憂慮から大本営は戦略的に有利な地位を固めることを切望したものの、政府の冷淡な対応がそれを阻んだ。混成旅団の残部輸送中止に参謀本部は「失望」するしかなかった（『隔壁聴談』一九丁）。

「第一次絶交書」と和平への期待

清の戦争決意・五〇〇〇の陸兵増派情報と共同改革への拒否回答をうけ、政府は六月二二日の御前会議で対清開戦の覚悟を決め、混成旅団残部を二四日に出発させることを決定した。政府は、陸奥宗光言うところの、「第一次絶交書」を清側に交付した。兵員輸送は六月二二日に出発可能な状態であったが、この公文をうけて清が「反省」して和平解決に向けた動きを示すことを待つために出発を敢えて二四日に遅らせたのである（『隔壁聴談』一二三丁）。輸送開始はさらに一日遅らされ、混成旅団残部は六月二四日乗船し二五日出港した（仁川到着は六月二七日）。

朝鮮仁川港までの航路は、広島宇品港からよりも清の大沽・旅順・チーフー港などの方が短かった。軍事的には一刻でも早く出発させる必要があったが、政府は軍事的利益を犠牲にしてでも外交による和平の可能性に望みをつないでいたのである。「絶交書」というがわかる。

表現は文字どおりのものではなく『蹇蹇録《けんけんろく》』が政府の平和への期待を覆い隠していること

参謀本部の政府批判

こうした政府の対応について『隔壁聴談』は、「兵の妙用」を知らないものであると批判している。ベルリン会議でイギリスのディズレイリー（Benjamin Disraeli）首相は外交と軍戦備を並進させて戦争を回避し外交的勝利を手にした。同じように、伊藤首相が軍事力の妙用を理解していれば、外国の干渉を避け対清交渉を有利に進め開戦を「未然に防」ぎ目的を達成できたはずであるし、そうでなくとも最短で戦争を終わらせ人命損失も少なくできたはずである。

先発隊が「京城を占領」し機先を制したからには、それを確実にするために混成旅団の第一次派遣隊は直ちに入京すべきであったし、第二次輸送も計画どおり行い、軍事的優勢を利用して共同改革交渉を清に迫るべきであった。ところが伊藤内閣は、軍事力を背景とする交渉を行わず、結局清の同意を取り付けることに失敗した。清が五〇〇〇を増派しようとするならば、直ちに混成旅団残部を輸送し、次いで第五師団全部を朝鮮に送り込み固い決意を示すべきであったのだ。それどころか、政府はいわゆる絶交書をもって清の反省を促すとしながら、軍事的対応を先延ばしにして貴重な時間を浪費し出先日本軍を危殆に陥らせた（二五〜二七丁）。

この間の事情について陸奥は、政府外交は「被動者」として振る舞い、軍事では「常に機先を制」しようとして外交と軍事の関係調整に惨憺たる苦心を費やしたと記しているが（『蹇蹇録』四七頁）、その具体的中身を語っていない。陸奥が『隔壁聴談』を読んでいたら何と反論したであろうか。

衝突策とロシアの干渉

大島公使は清の宗主権主張により朝鮮改革は不可能であるとして宗属関係を口実とする対清衝突を企画し、派遣軍に状況をただした。混成旅団が完成（六月二七日）した後、混成旅団司令部は牙山の清軍を攻撃する準備にとりかかり、六月三〇日に大島少将は参謀本部に軍事行動の許可を求めた。

ところが、六月二七日、政府は御前会議で外交的手段をもって朝鮮政府から内政改革合意を取り付けることを決定し、この旨大島に訓令した。また、三〇日にはロシア政府が朝鮮から清と同時撤兵しなければ日本は重大な責を負うことになろうと警告を発した。日本軍が清軍を攻撃すればロシアは清との協力関係を強めて日本に対してさらなる圧力を加えてくる危険性があった。

三〇日夜、参謀本部は大島少将に対し武力発動を中止させ、軽はずみな行為を慎むよう求めた。そして、大島公使が朝鮮政府との交渉で自在に駆け引きできるよう支援することを命じた（日付欠二一時三〇分発、大島少将宛参謀総長電報「発電綴」一）。川上は、大島に対し内閣との関係上こうした訓令を出さざるを得なかったのだと理解を求め、参謀本部の意図に変更はないとし、日本から先制攻撃はしないが、清側から挑発され自衛の必要上やむをえず武力に訴え開戦する場合はぬかりなく勝利を得るようにと指示している（「参謀本部歴史草案」明治二五〜二七年）。

混成旅団参謀の長岡外史《ながおかがいし》少佐は川上に対して、攻撃中止命令は旅団が朝鮮で軍事的に先制した利益をみすみす手放すようなものだと苦言を呈した。なぜならば、日本軍が攻撃を控える隙を狙って、清は兵を漢城に入れ数的優位を築き上げ、朝鮮国王を清軍陣営に連れ去り、国王の命令を偽造して清軍を支援し日本に対する反抗を朝鮮全土に号令するなど、開戦を主導できるようになるからである。混成旅団にとって必死の思いで確保した先制の利を代償無しに清に譲り渡す不利な決定に見えたのである（一八九四年七月五日付川上宛長岡外史私報、9MB5D報告）。

混成旅団は早期の開戦を有利と考えたが、大鳥公使とともに渡韓した安原金次《やすはらきんじ》海軍少佐はこれに反対した。牙山や仁川の海面には清の鎮遠以下八艦が遊弋《ゆうよく》していたのに対し、日本側は八重山・武蔵・赤城が仁川にいたに過ぎない。陸上で戦闘が始まれば、清艦隊は仁川方面の海面を制圧し日本との交通路を遮断するだろう。そうすれば陸軍が仮に牙山で勝利してもその後は朝鮮で孤立し援軍もなく武器弾薬の補給もできず窮地に陥るだろう。それだけではなく、開戦初期にこうした不利な形勢となれば全体の戦局の行方に思わぬ悪影響を与えるかもしれないと問題点を指摘した（『海軍課報員となった旧幕臣』一七七・一七八頁）。

戦争では緒戦が重視される。緒戦での勝利は、味方の士気を高め作戦面での主導権を握り勝利を政治的効果に及ぼすことができるからである。皮肉な事に、清が積極策をとらずロシアに仲介を依頼し開戦を先延ばしにしたことで、混成旅団は窮地を免れ日本海軍は軍戦備を整える時間を得る事になった。

ロシアの干渉と作戦計画

作戦計画は、ロシアの干渉によって影響を蒙っている。七月二日から一四日までは清露同盟を相手とし朝鮮半島を占領する作戦方針で事態に対応しようとした。清軍を朝鮮半島から撃退し半島を占領し、清とロシアの艦隊を各個撃破することを目的とする計画であった。その成否は日本と朝鮮半島を結ぶ対馬海峡を確実に掌握できるかどうかにかかっていた。

第一期　第五師団をして朝鮮半島に作戦せしむ
　　我艦隊は両敵の艦隊合せざるに先ち速かに進んで清の艦隊を攻撃す
　　内国に在る陸海軍は要地を守備し国防を整備す

第二期　第一期海戦の景況に因り二個の場合を生ず

甲　我艦隊全く其目的を達したるの時

乙　我艦隊目的を達し得ざりし時

甲の場合に於ては我艦隊を退け対馬海峡を守備し要すれば更らに露の艦隊を攻撃す而《しか》して内国の防備に妨げ無き限りは強大の陸軍を朝鮮半島に進め敵を此半島より撃退す

乙の場合に於ても尚ほ我艦隊清露の艦隊に対し対馬海峡を守備するを得ば陸軍の動作甲の場合に同じ。若し此海峡を守備し能はざるときは為し得る限り第五師団を援け内地の兵は敵の来襲を待て之を撃退す（「戦史編纂準備書類」二）

清露同盟が懸念された時、川上は諸参謀の意見を聴取した。ある参謀は、日本は清露同盟に対して守勢をとらざるを得ない、朝鮮に投入する兵力は派遣済みの混成旅団にとどめやむを得なければ見殺しにするしか策はない、と述べたという。清露両国の海軍は非常に強大で、日本艦隊はとても勝利できず朝鮮に支援兵力を送り込むことはできないと思われたからである。

これに対し、川上は、ロシアの派兵可能兵力量は陸兵数千から一万人にしか過ぎず大して力を費やさなくとも撃退できると述べ、強大な敵海軍が日本の沿岸を砲撃しようが意に介することなく、第五師団全部を朝鮮に送りさらに一個師団を増援し朝鮮を「占領」すべきと主張した。川上は、陸軍は攻勢作戦をとるべきであると強調し、守勢策は日本艦隊が清露艦隊に敗北し朝鮮との海上交通路が断絶した場合だけであるとした。

清露同盟にもあえて怯むことない川上の発言は痛快であったが、『隔壁聴談』の著者はそうした主張が果たして川上の真意だったのかどうか、実際に行えると信じていたのかどうかわからないと記している。痛快な口ぶりは、細かいことまで注意を払い綿密に考える川上の平素の態度と似つかわしくなかったからである（『隔壁聴談』四一・四二丁）。

日清共同朝鮮内政改革提案の行方

清は日清共同朝鮮内政改革案を拒否し朝鮮からの日清同時撤兵を主張した。日本は改革合意を取り付けようとし駐兵を継続する。事態の打開を図らなければ朝鮮半島で日清両国の軍事的緊張が続くことになる。改革と撤兵をどのように調整すれば、日清間で妥協が成立し得たのであろうか。

改革論と撤兵論

清の総理衙門《そうりがもん》（日本の外務省に相当する組織）は、姿勢を軟化させたようであった。イギリスは、自国の威信と朝鮮統一が保たれる内政改革ならば交渉の席に着く用意があるとする清の意向を日本に通知してきた。七月三日、日本政府は以下のような譲歩案をイギリス側に提示した。清が共同改革協議を申し込めば日本は同意する、清が朝鮮独立・属国問題に言及しなければ日本も論議しない、朝鮮からの撤兵は改革協議の第一議題として取り決める、日本は朝鮮で政治と通商に関して清と同様の権利特権を享有する、という内容である（『日本外交文書』二七巻―二、二九〇頁）。

清が改革を容れるならば、日本は撤兵で譲歩する。軍隊を朝鮮に駐留させたまま改革協議を行うのではなく、清が主張する撤兵を改革協議第一議題として位置づける。日本の共同改革論と清の撤兵論を包括して妥協を図ろうとするものであった。陸奥は共同改革協議の確約を清から得られれば、日本が一方的に撤兵しても差し支えないとイギリス側に語っている（BDFA4, p.120.）。日本政府は、清から改革同意を取り付けるために混成旅団が先制で得た軍事的利益を取引材料に供するつもりであったのである。日本提案は、朝鮮が清に朝貢することも否定しなかった。

イギリス側は清に日本提案を容れるよう促した。小村寿太郎《こむらじゅたろう》代理公使は、総理衙門が日本の新提案に好意的でそれに基づく対案を示すことを約束したと伝えてきた。伊藤政権は日清共同朝鮮改革の合意成立が間近であると予期した。七月八日、陸奥外相は朝鮮改革をめぐる日清交渉も近々始まるという見込みを大鳥公使に伝えた（『日本外交文書』二七巻―一、五八五頁）。

しかし、七月九日、総理衙門は朝鮮から撤兵しない限り改革協議には応じないと日本側に回答を行った。イギリスの仲介は敗失し、日本政府の期待は裏切られた。清政府の頑な態度は、全ての譲歩は日本が一方的に行うべきとする主張に他ならなかった（BDFA4, p.180。王芸生『日支外交六十年史』第二巻、九八頁）。

朝鮮での内政改革反対論

日本側は、朝鮮政府に対しても内政改革に合意するよう働きかけた。しかし、朝鮮政府高官の多くは日本提案に反対した。沈舜澤《ちんしゅんたく》（領議政）は、日清開戦となれば清の勝利となる、日本提案に同意すれば後日はかり知れない禍がふりかかることになると論じた。趙秉世《ちょうへいせい》（左議政）は、良い官吏を選び権限を悪用して金銭を貪るような役人を懲らすのが最も重要であるとし、制度改革などは考えてもいなかった（新納時亮海軍少佐報告、軍報一一号「朝鮮国派遣中特別書類」二）。

混成旅団は、政略目的である朝鮮内政改革を追求するならば開戦は不可欠であると考えた。七月五日、長岡少佐は川上に対し、朝鮮は政府も民間も中国に心酔する数百年の習慣が骨身に染みておりこれを洗い流すことはできないと断じる。牙山地方は清兵の掠奪に遭ってもなお大国中華の兵と崇拝している。これに対し、日本軍偵察将校の求めには応じず不当に高額の代価を要求し、日本人に向いてお前たちのような小弱国が馬鹿な真似をして兵隊を出すから我々朝鮮人を苦しめることになるのだと非難を浴びせる。清兵は朝鮮で掠奪を働くが日本兵は物品を購入する。これを朝鮮側は日本軍の規律が良い証拠とは見ずに無気力だから代金を支払うのだという。外交交渉を通じて朝鮮政府から内政改革の合意を得たとしても日本軍が撤退すれば旧に戻ってしまうだろう。場合によってはいっそう甚だしい悪政と清崇拝の強化となるかもしれない。朝鮮の数百年にわたる迷夢を醒まし内政改革を行わせるには、戦争によって清を破り日本は信頼すべき存在であることを知らしめるしかないと強調した（川上宛長岡外史私報・前出、９ＭＢ５Ｄ報告）。

長岡の言うことも一応の根拠はあったのかもしれない。朝鮮では、文禄《ぶんろく》の役《えき》で小西行長《こにしゆきなが》軍が平壌で明軍に圧倒されて後退した史実が語り継がれていた。混成旅団は日清間での最初の戦闘となった成歓の役に勝利して凱旋式を行ったが（八月五日）、これを朝鮮では負け戦を勝ったようにつくろっているのだと見た。朝鮮政府も一般の人々も日本軍の実力を理解できなかった（菊池謙譲『近代朝鮮史』下巻、三〇六頁）。朝鮮で日本軍の実力が認識されるのは平壌《へいじょう》の戦いによってである。

改革派連合構築の試み

東学党の乱の根柢には、閔氏政権による民衆収奪への不満やよりましな生活への素朴な要求があった。朝鮮の山林や田が荒廃しているのは貧官汚吏《ひんかんおり》の誅求《ちゅうきゅう》が激しいからであり、労働の成果は奪われ、抵抗すれば暴力をもって押さえつけられる、生命財産の保障がないのでその日暮らしに満足するしかなく、こうして人々は怠惰になったのだ（末松謙澄談「朝鮮の現在及び将来」『東京日日新聞』一八九四年一〇月七日）。こうした見方は、朝鮮を訪れた多くの西洋人も等しく指摘するところであった。朝鮮支配層や官吏による収奪が、朝鮮の人々を貧しく惨めな状態に追いやり、労働意欲を奪い怠惰と貧困と不衛生な環境の下で毎日を過ごさせることになった（金学俊『西洋人の見た朝鮮』）。

何らかの意味で弊政改革の必要性を唱えていたのは、朝鮮開化派中の改革派、反乱を起こした農民（東学党）、大院君《たいいんくん》派、閔《びん》氏中の一部であった。農民の要望を一定程度受け入れて弊政改革を実行してゆく政治権力の構築を目論むならば、改革派連合を創り上げてゆく必要があった。六月上旬から日本側は、各派への接触を試みる。

図12　大　院　君

大院君は、今時の民乱は東学党の乱ではなく地方官の圧政によって農民たちが蜂起したものであると語り、機に乗じて権力を奪い国政の改良に着手する意向を有していた。もし大院君が政権を掌握すれば一時的混乱は生じようとも朝鮮の改良は実行可能であろうとする楽観的見方もあった。このため、朝鮮公使館関係者は、大鳥公使と相談の上、大院君と接触して内政改革に乗り出す意図があるかどうかを打診することになる（MT・5・3・

2・5）。

閔派の中で注目されたのは、王妃の甥に当たる閔泳翊《びんえいよく》であった。大鳥公使は閔泳翊に朝鮮の旧弊を改革する計画を練らせ金弘集《きんこうしゅう》・魚允中《ぎょいんちゅう》などと改革を実行させ改革の進展を日本と清が監督するという考えを抱いたこともあった（「陸奥宗光関係文書」六七―六八）。しかし、閔泳翊は気力に乏しく変わり身が早く事を共にする相手たり得ないという不信感がつきまとった（『原敬関係文書』第二巻、三六五～三七〇、三七九・三八〇頁）。

日本側と東学党指導者全琫準《ぜんほうじゅん》との間では悲劇的ともいうべきすれ違いが存在し、連合を組むことができなかった。全琫準に接触したある日本人は、今日の朝鮮の衰弊は閔氏の悪政だけが原因ではない、数百年前の政治と法を時代の変化に合わせて革新しなかったことが根本の原因であると指摘した。日本側提示の改革案に対し、全琫準は臣下の身で口にするようなものではない、もしこれを実行すれば臣民として守るべき節義や分限を否定するようなものだと顔色を変えて反対した。全琫準は日本が志向した制度改革を理解できなかったものの、公使館附武官渡辺鉄太郎《わたなべてつたろう》少佐は、日本政府が周旋して全琫準を朝鮮政府の役職に登用しその意見を政策に反映させれば朝鮮人民にとって幸いとなろうと報告書を結んだ（「諸状報綴」一）。

ちなみに、この報告について、日本側が全琫準に「李王朝そのものの打倒を示唆」し、渡辺少佐が「農民軍に不敬の反乱を起こさせ、それを口実に日本軍が出動して一挙に農民軍を葬り去ろうとする意図をもっていたと考えられる。それは、川上操六の意に添うものであった」とする主張がある（趙景達『近代朝鮮と日本』一一二頁）。

強引な解釈ではなかろうか。右日本人某は、全琫準を君子にあらず英雄にあらず奸物にもあらぬ冷静で心に情熱を秘めた好男子と受け止めている。渡辺少佐も好意的見方をかくしていない。ここから見ても、東学党が改革派連合の一角を占め日本と協力関係に立つことに期待していたと考えられる。元来日本では、朝鮮での反乱は直接的には地方官の収奪に起因すると捉えられており、東学党に対して同情が寄せられていたのである。

日本は朝鮮に対して改革合意を取り付けようとしたが、朝鮮政府の合意を得ることも改革派連合をつくり上げる事も難しかった。袁世凱は日本提案を拒否するよう朝鮮政府に圧力を加え続けた。清と対立してまで日本と協力しながら改革を進めてゆこうとする勢力は微弱であった。

北京政府の主戦論

光緒帝《こうしょてい》は主戦論者であり、撤兵を先に行わない限り改革協議に入ることはできないとする姿勢を崩さず、改革協議の第一議題に撤兵を位置づける包括合意案に反対した。また、総理衙門も清の軍備や財源は不充分であると自覚し戦争回避を望んでいるようであったが、大清帝国として日本のような弱国から命令をうけるぐらいならば戦争に訴えるべきであると考えているようであった（BDFA4, p.175）。

七月中旬、清政府は、朝鮮へ一万二〇〇〇の兵を増派することを決めた。日本が清の増兵と戦争準備を目にして自らの過ちを悔い、清・朝宗属関係を傷つけない条件で交渉に就くことを願い改革協議委員を清に派遣すれば、清はそれに応じてもよい。こうした考えに基づく対応であった。清政府は主観的に和平的解決への望みを抱いていた（田保橋潔『日清戦役外交史の研究』二七九～二八二頁）。

しかし、清は、日本提案を拒絶した後も対案を示さなかった。受け容れ可能な提案を相手が出してくるまで拒否を繰り返し軍事的威嚇を行う清の交渉手法そのものが日清間の対等性を否定していた。

清が増兵すれば在朝鮮軍は約一万五〇〇〇になる。清は混成旅団八〇〇〇を一万二〇〇〇とし（七月二二日時点）、その後日本が一万五〇〇〇にまで増兵したと過大に見積っていた。清の増派策は主観的には在朝鮮日本軍と兵力量の釣り合いを図ったのかもしれない（BDFA4, p.212）。しかし、不正確な情報に基づく増兵措置は主観的意図とは違うものを招き寄せる。

七月一八日、朝鮮政府も日本との改革協議を拒否して撤兵するよう要求した。日本が出兵した理由は、清の朝鮮併合を阻止し、日清両国で朝鮮内政改革を実行するためであった。

改革合意なき撤兵は、朝鮮での日本の発言権を決定的に失墜させ清のそれを高め、事実上朝鮮の独立を失わせるようなものであった。ここにきて日本が撤兵すれば、朝鮮併合を阻止するための出兵が逆に併合のお膳立てをする結果になりかねない。それは明治初年以来の朝鮮政策の自己否定となってしまう。日本は進退窮まった。逃げ道がなくなった日本に残された道は戦争に訴えることであった。

七月一九日、日本は、清の朝鮮への増兵は日本に対する敵対行為と見なすとして、清軍に対する攻撃命令を下した。

開戦と作戦

遅すぎる部隊輸送許可

清が一万以上の兵を増兵するとすれば、日本側は混成旅団の劣勢を挽回するために第五師団の残部を輸送しなければならない。政府は七月二九日になって朝鮮半島への第五師団残部輸送を承認した。

しかし、豊島《ほうとう》沖海戦（七月二五日）後は朝鮮西岸で日清両艦隊の交戦が予想され、海路仁川に軍隊を輸送するのは危険であった。陸路でも困難が予想された。釜山から漢城までの道路は粗悪で山地を通過しなければならず、小部隊でも二週間はかかりそうであり、沿道での糧食入手も見込みがなく多数の軍隊の進行は困難と判断された。元山から漢城への道路も路面嶮悪で、ロシアとの関係も考慮して大本営は当初これを移動路として計画に入れなかった。第五師団残部の出発準備は整っても、海路は危険、陸路は遼遠かつ行進に困難で、危殆に瀕する混成旅団を救えない状態に陥った（『日清戦史 決定草案』第二冊、二〇七〜二一一頁）。

不利な緒戦

混成旅団による牙山の清軍攻撃の勝敗は、日本の対朝鮮政策の消長に大きく影響する。日本軍が敗北すれば、日本の朝鮮での勢力は地に堕ちる。朝鮮を日本側に引き寄せるためにも勝たねばならなかった

平壌〜漢城までは約二〇〇キロ、漢城〜牙山までは約一〇〇キロであった。同日に同一速度で兵を動かせば、混成旅団が牙山の清兵を攻撃して漢城に戻る頃には平壌の清兵が漢城を占領してしまうことになる。平壌方面から南下する清軍を漢城北方の地点で防ぎ、漢城の人心の離反を防ぎ、仁川〜龍山間の兵站線を確保するために混成旅団の歩兵の三割強（全二四個中隊から九個中隊）を守備隊として残す必要があった。戦闘に使用できる兵力（歩兵一五中隊を中心に山砲一中隊余）は三四〇〇余人で銃数は三〇〇〇挺を超えず、牙山の清兵より劣勢となる計算であった（『日清戦史』第一巻、一二六〜一三〇頁）。参謀本部は、政府の掣肘《せいちゅう》によって混成旅団が不利な状況で緒戦に臨まなければならなくなったと批判する（『日清戦史 決定草案』第二冊、二九五頁）。

作戦の大方針

混成旅団は、七月二三日、朝鮮王城を包囲し朝鮮守備隊と交戦し王宮を占領して守備隊を武装解除し、二九日には成歓で清軍を破った。日本政

府は八月一日、清に対して宣戦布告を行った。

七月三〇日に大本営が示した「作戦の大方針」は、清と朝鮮を交戦相手国とした。その内容は以下のように定められた。

我軍の目的は首力を渤海湾頭に輸《ゆ》し清国と雌雄を決するに在り。朝鮮の兵力は之を眼中に置かず。

此目的を達すると否とは一に海戦の勝敗に因る。仮令海戦我に不利なる場合に於ても陸軍は飽まで朝鮮を占領す。

因て作戦の経過を二期に大別す。

第一期　第五師団をして朝鮮に牽制動作を為さしむ。

我艦隊は進んで敵の艦隊を掃蕩《そうとう》し渤海及黄海の占領を勉む。

内国に在る陸海軍は要地を守備し陸軍は遠征の準備を

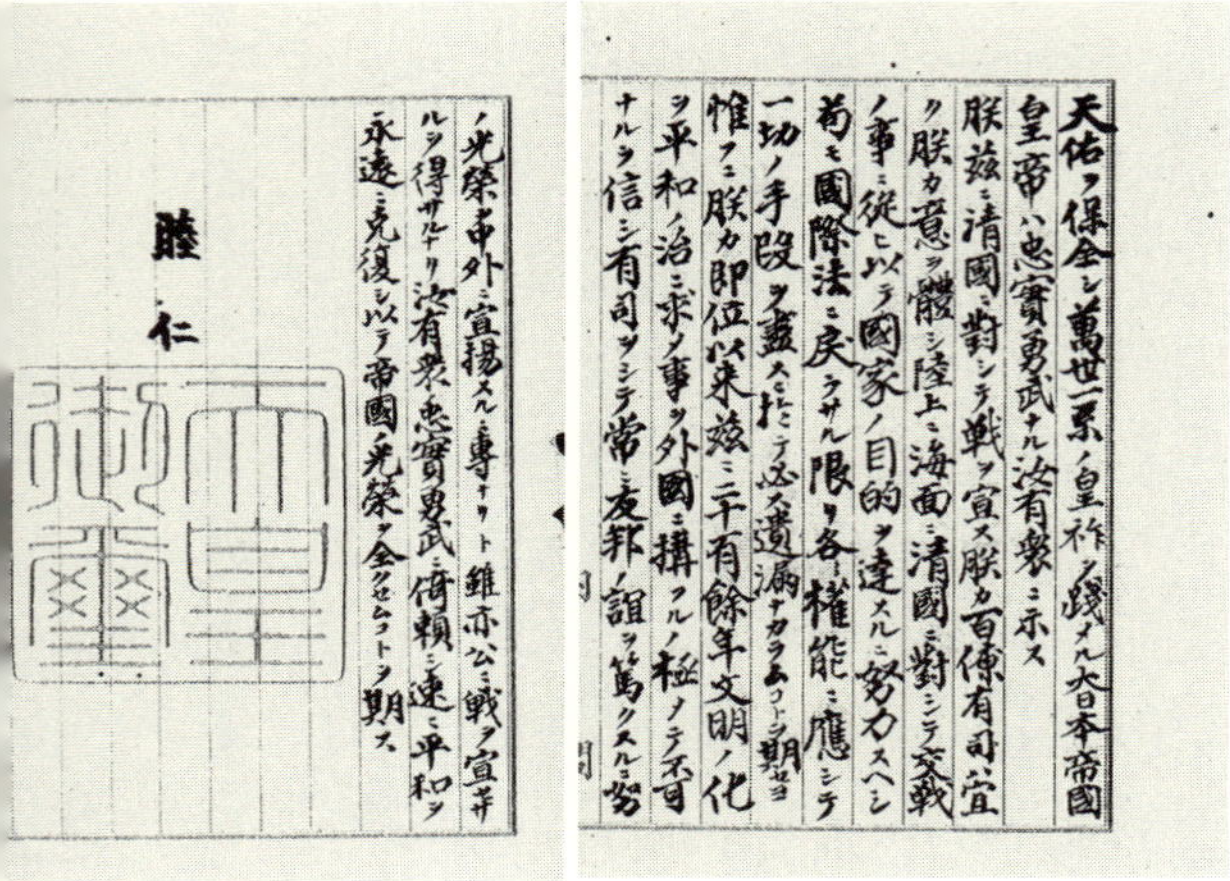
天佑ヲ保全シ萬世一系ノ皇祚ヲ践メル大日本帝國
皇帝ハ忠實勇武ナル汝有衆ニ示ス
朕茲ニ清國ニ對シテ戰ヲ宣ス朕カ百僚有司ハ宜
ク朕カ意ヲ體シ陸上ニ海面ニ清國ニ對シテ交戰
ノ事ニ從ヒ以テ國家ノ目的ヲ達スルニ努力スヘシ
苟モ國際法ニ戻ラサル限リ各々權能ニ應シテ
一切ノ手段ヲ盡スニ於テ必ス遺漏ナカラムコトヲ期セヨ
惟フニ朕カ即位以來茲ニ二十有餘年文明ノ化
ヲ平和ノ治ニ求メ事ヲ外國ニ構フルノ極メテ不可
ナルヲ信シ有司ヲシテ常ニ友邦ノ誼ヲ篤クスルニ努
ノ光榮ヲ中外ニ宣揚スルニ專ナリト雖亦公ニ戰ヲ宣セ
ルヲ得サルナリ汝有衆ノ忠實勇武ニ倚頼シ速ニ平和ヲ
永遠ニ克復シ以テ帝國ノ光榮ヲ全クセムコトヲ期ス
睦仁

図13　日清戦争宣戦詔勅（外務省外交史料館所蔵）

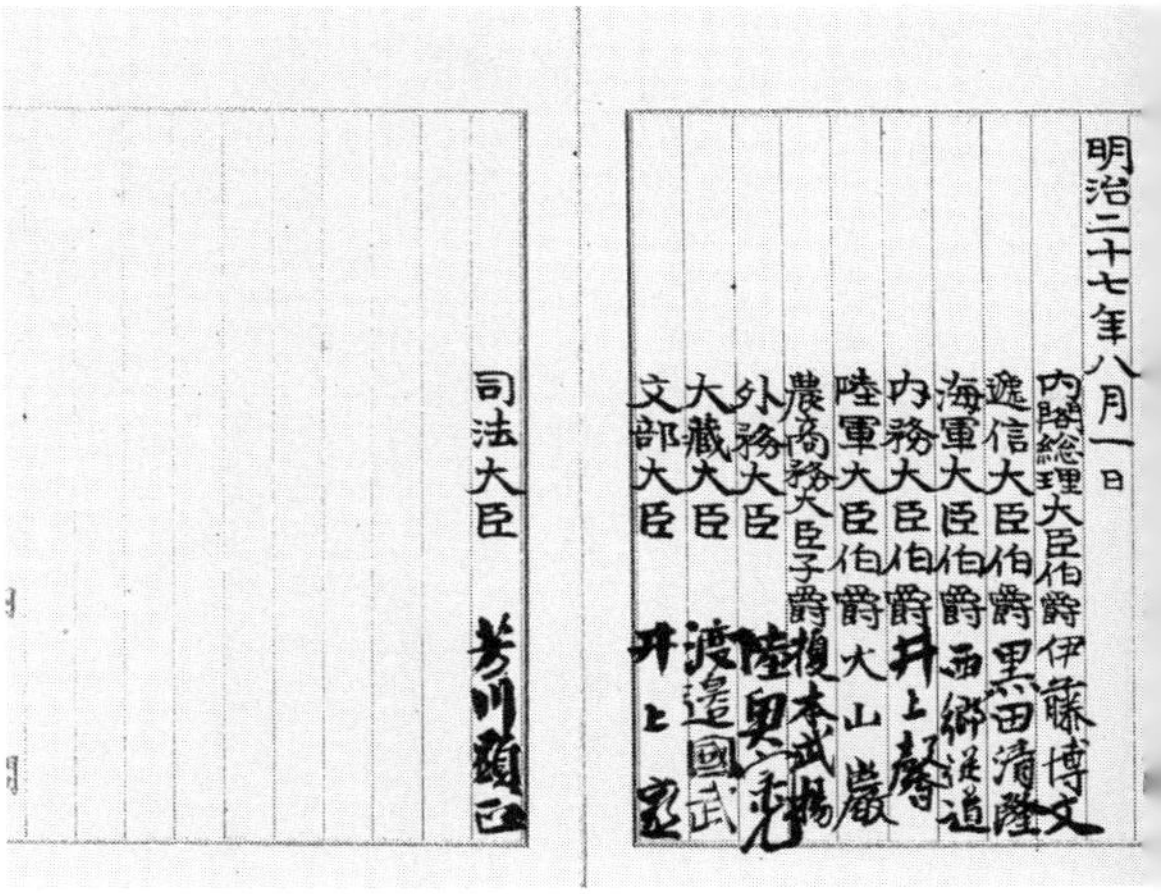
明治二十七年八月一日
内閣総理大臣伯爵伊藤博文
逓信大臣伯爵黒田清隆
海軍大臣伯爵西郷従道
内務大臣伯爵井上馨
陸軍大臣伯爵大山巌
農商務大臣子爵榎本武揚
外務大臣陸奥宗光
大蔵大臣渡邉國武
文部大臣井上毅
司法大臣芳川顕正

為す。

第二期　第一期海戦の景況に因り三個の場合を生ず。

甲　我艦隊全く目的を達したる時。

乙　両艦隊交綏《こうすい》し我れ渤海を制する能はず敵も亦我近海を制する能はざる時。

丙　我艦隊不利にして敵全く海を制する時。

甲の場合に於ては陸軍を逐次渤海湾頭に輸し決戦を行ふ。

乙の場合に於ては陸軍を陸続朝鮮に進め敵兵を撃退す。

丙の場合に於ては為し得る限り第五師団を援け内国の兵は専ら国防を完整し敵の来襲を待て之を撃退す。

（「戦史編纂準備書類」一二）

作戦の大方針は直隷決戦で清軍主力を破り北京を攻略して清を降伏させる事を目指したが、こうした作戦は華北の天候や植生などの自然環境に制約をうける。

直隷作戦の季節的制約

華北《かほく》の気候は、六月から暑気が強くなり七月になると日本よりもきびしい酷暑になる。直隷平原は木陰は少なく清泉も乏しい。また、七月から九月は大雨の季節でもあった。河川は氾濫し平地は一ヶ月以上も冠水することがあり軍事作戦は中断せざるを得ない。

畑の高粱《こうりょう》（コーリャン）は六月中旬で人の腰高、七月には首の高さまで伸び、八月には三㍍《メートル》を越えるまでに成長し騎馬兵でも周りを見渡せなくなる。こうなると、根を張って太い茎に支えられた高粱を踏み倒して歩くことはできない。密集する茎と葉で二～三㍍《メートル》先も見えないので味方は十分な偵察ができない。身を隠し待ち伏せする敵兵を警戒して行軍は慎重になり時間がかかる。加えて高粱畑地帯を通過する時は草いきれでいっそう暑苦しさが加わる。高粱の刈り取りが終わらなければ見晴らしがきかなかった。

畑が通れなければ道路を歩くが、道は畑の畝《うね》より凹《くぼ》んだ形状で雨が降れば川のようになり軍の作戦行動を阻む。水がひいても道路はぬかるんだままで、歩兵や騎兵は何とか進むことができても、野砲の移動も全軍の命脈がかかる輜重《しちょう》の糧秣《りょうまつ》輸送もきわめて困難となる（「樺山資紀文書」第二期、三八六―四）。一八九四年六月下旬も天津付近は大雨に見舞われていた。

季節の関係上、作戦を実行しやすいのは、春から盛夏を迎える前（三月下旬から七月上旬）までと、秋から初冬（九月下旬から一一月上旬まで）であった。渤海湾は一一月から三月中旬頃までは寒気が厳しく風も強く海岸は氷結する。この間は軍を上陸させることは不可能であった。

八月上旬の段階で制海権を掌握したとしても、策源地を確保し四個師団を渤海湾沿岸に上陸させるまでに七〇日ほどは必要とされたので、一〇月下旬までに上陸根拠地を構築し兵員の上陸を終え北京に向け進軍し始める必要がある。そして、沿岸部が氷結する一一月下旬までの一ヶ月間で武器・弾薬・糧食・各種資材などを日本から輸送し大量に集積しなければならない。年内決戦を可能にするには、八月上旬までに清艦隊と海戦を行い制海権を掌握することが必要となる。

山県有朋の軍司令官任命事情

艦隊決戦で勝利した場合には、直ちに威海衛を攻略し直隷作戦の根拠地とすることが計画された（『隔壁聴談』五七丁）。八月四日、威海衛攻略担当として第三師団に動員令が下り一四日に動員完了を見た。

直隷決戦を現地で指揮する軍司令部設置について明治天皇から下問を受けた伊藤総理大臣は、八月一日、参謀総長熾仁親王に対して軍司令官人事は戦争指導に密接に関わるとしてあらかじめ総理大臣に相談することを求めた。およそ四個師団を投入して行われる直隷決戦を現地で指揮する軍司令部の編制は八月七日に天皇の裁可を得、翌八日に山県有朋《やまがたありとも》陸軍大将に軍司令官の内命が下った（『熾仁親王日記』第六巻、四四四、四四八〜四四九頁）。山県は川上とは異なる開戦方略を有していたが（『公爵山県有朋伝』下、一一三一・一一三二頁）大本営の作戦計画に山県を同意させるにはこれ以上ない役職であった。

連合艦隊の動向

七月末、連合艦隊は清艦隊が仁川方面に来航すると判断し待ち構えていた。ところが、清艦隊はやってこなかった。八月二日、大本営は連合艦隊に対して、朝鮮国西岸に艦隊仮根拠地を占領した後、渤海湾の制海権を得るために清の艦隊を撃砕《げきさい》せよと命令した（「戦史編纂準備書類」一）。八月一〇日、連合艦隊は威海衛港前に至り決戦を挑むも北洋艦隊主力はそこにいなかった。伊東長官は艦隊根拠地を朝鮮全羅道西岸の黄海に面する隔音諸島から全羅道南方の朝鮮海峡方面に位置する長直路と呼ばれる島に移して自重策をとる事にした（『日清戦史』第二巻、一二三八頁）。

連合艦隊の自重策は大本営に八月一四日に届いた。これをうけて政府・陸海軍首脳が出席した御前会議が開かれた。大本営は直隷決戦を延期し朝鮮半島を当面の主作戦場とすることに決め、翌日部隊に通知した。これに伴い直隷作戦のための準備根拠地候補は威海衛から旅順港へ変わることになった（『日清戦史』第一巻、一七九頁）。

ここで一つの問題が生じた。直隷作戦を指揮する軍司令部は当面不要になるので山県への軍司令官内命が宙に浮いてしまうのである。山県軍司令部を朝鮮に転用するならば朝鮮に少なくとも二個師団を投入することになる。八月二三日、明治天皇は朝鮮半島の作戦は第五師団だけで十分だと考え、第三師団を朝鮮に転用するかどうかを伊藤首相に下問した（『伊藤博文関係文書』第六巻、二二三頁）。

第三師団は中国大陸の地形に適合した編制になっていたが、八月二四日に朝鮮半島での作戦行動に適した編制換えが指令されている（『日清戦史』第二巻、一七頁）。伊藤は朝鮮に二個師団を投入しそれを率いる軍司令部を設置し、山県にこの任務を与える方策を天皇に助言したことになる。八月二九日に軍編成がなされ、翌三〇日に山県は軍司令官に任命された。伊藤は、軍事的合理性に基づくというよりも山県の不満を抑える政治的判断を優先させたと言えるだろう。

大本営での日常

六月の出兵から八月一日の宣戦布告に至る二ヶ月間、明治天皇は参謀総長熾仁親王を通じて軍事情況の説明をうけていた。戦況下問に対して総長宮は、みずから筆をとり一々戦況を認めた書類を奉呈したという（『日清戦争実記』一七編、八頁）。天皇が総長宮と用談を行った回数は、六月が八回、七月が七回、八月が四回、九月が三回となっている。八月以降、用談回数が減っているのは、大本営会議が開

少　将 同相当官	大　佐 同相当官	中　佐 同相当官	少　佐 同相当官	大　尉 同相当官	中　尉 同相当官	少　尉 同相当官
岡澤精		中村覺	斉藤実	川島令次郎 広幡忠朝		
	田村寛一		三須宗太郎	糸賀虎次郎 丹羽教忠		
				小澤徳平		
	土屋光春	伊地知幸介	東條英教	由比光衛 斎藤力三郎		
	角田秀松		伊集院五郎 中尾雄	飯田篤之進 山県文蔵		
		大生定孝			梶川重太郎 佐伯運之祐	
				佐伯誾 鈴木四教		
		高木作蔵	福原信蔵 藤井茂太	吉村正敏	大庭二郎	
寺内正毅			山根武亮	井上仁郎		
			山根武亮 仙石貢	松本和		
			渡部當次	泉省己		
				湯川寛吉		
野田豁通			遠藤慎司	関本茂行		
石黒忠悳		落合泰蔵		平山増之助		
			村田惇	西田治六 金沢信豊		
				石川篤古		
				宮崎兼文		宇垣杢次
					高山逸明	
			福家安定 西村千里	山田義三郎		
	山本権兵衛		伊東義五郎	斎藤孝至		

かれるようになったことが関係していると思われる。八月には数日ごとの間隔をおいて大本営会議が八回開かれている。この間、川上が天皇に単独で拝謁したのは九月一七日の一回だけであった。

大本営の中枢部分は意外と小ぶりな組織である（表7）。

大本営は九月一五日に広島に転進した。翌一六日から三〇日まで、大本営では毎朝天皇

表7　戦時大本営人名表（明治27年9月）

区分＼階級			大将	中将
侍従武官				
軍事内局員				
幕僚	参謀総長		熾仁親王	
	参謀部	陸軍		川上操六
		海軍		樺山資紀
	副官部	陸軍		
		海軍		
兵站総監部				川上操六
兵站総監隷属部	運輸通信長官部			
	運輸通信長官隷属部	鉄道船舶輸送委員		
		野戦高等電信部		
		野戦高等郵便部		
	野戦監督長官部			
	野戦衛生長官部			
管理部				
管理部隷属	憲兵			
	衛兵			
	輜重兵			
陸軍大臣及属員			大山巌	
海軍大臣及属員			西郷従道	

（出典）　大本営副官部「諸表面」甲より作成.
（注）　下士官同相当官は省略した.

図14　広島城内に設けられた大本営正門

臨席の下で会議が行われている（二三日を除く）。一〇月は、天皇が視察に出かけるため会議が開かれない日があるものの、一五回の会議が開かれた（侍従武官「日清戦争陣中日誌」）。広島城内に設けられた大本営の建物は木造二階建で、二階に御座所兼寝室の玉座《ぎょくざ》があり、廊下を隔てた向かいに会議室と侍従詰所があるという簡素なものであった。武官の戦況報告は二〇畳ほどの広さの御座所で行われた。

広島で川上は、大本営陸軍参謀の土屋《つちや》光春《みつはる》大佐、伊地知中佐、東條英教《ひでのり》少佐、由比《ゆい》光衛《みつえ》大尉、斎藤大尉などと同じ宿舎で寝起きした。総長宮は、樺山資紀《すけのり》（大本営海軍上席参謀）以下の海軍参謀部の将校たちと同じ宿舎であった。川上と陸軍参謀、参謀総長と海軍参謀、総理大臣、陸軍大臣、海軍大臣はそれぞれ別宿であり、不便を解消するために電話線が引かれたという（『広島臨戦地日誌』一八三頁）。

川上はドイツ留学中に腎臓病を患って以来しばしば一ヶ月程の病気欠勤や二週間程の転地療養を繰り返していたが、戦時の多忙と夏の暑さは疲労を蓄積させ健康を蝕んだ。川上は九月頃に脳を病み（『陸軍大将川上操六』一八九頁）、翌年一月にも体調を崩している。

川上操六と日清戦争

大本営兵站総監としての川上操六

兵站の意義

兵站《へいたん》とは、武器弾薬や糧秣《りょうまつ》を補給し、野戦病院を設置し被服を支給し宿舎を確保するなど幅広い業務をその内容とする。戦争の一〇分の九は兵站だと言われる（クレフェルト『補給戦』三〇〇頁）。日清戦争もその例外ではない。

参謀本部は、軍の作戦は軍需品の補給に制約を受けそのため敗衄《はいじく》を招いた例も少なくないと指摘し、陸軍大臣が大作戦の計画を知悉し、現在と将来を考慮して軍隊の人員を補充し軍需品を整備し、補給面から軍の作戦を制限せず作戦活動を自在ならしめなければならないと強調している（「密大日記」明治二七年）。明治陸軍は、兵站の重要性を頭ではわかっていた。しかし、それは実際には難しい仕事であった。

交通不便な、そして徴発力のない様な所に於ける後方勤務は、寧ろ戦闘をするよりも

図15　甲武鉄道青山軍用停車場より出発する歩兵第３連隊

図16　日本鉄道東北本線長町駅での軍馬の積み込み

困難……後方勤務が出来なければ戦争も出来ないということになる。（中略）而《しか》して作戦の経過や計画に従い、早くから、何処《どこ》にどの位の弾薬を積む。何処に何十師団何日分の糧食を集積する、ということを、先から先きに考えて、手早く仕事を為し、作戦に支障を来さない様にせねばならぬ。難かしいという点から云えば、戦術を以て戦闘するよりも、遙かに後方勤務の方が難かしい。併し之を甘《うま》くやらねば戦争は出来ない（『偕行社記事』七二六号、四・五頁）

川上操六《かわかみそうろく》は、大本営陸軍上席参謀で兵站総監を兼ねていた。しかし、兵站総監に隷属する各部門の業務を最初から十分理解していたわけではなかった。たとえば、野戦衛生長官の職務は、将兵の衣食住、傷病治療、防疫、野戦病院、患者輸送、恩給、赤十字条約までの広がりを持つ。戦前の川上は野戦衛生長官部の業務を医療を中心に捉えており、戦争を通じて初めてその全体像を把握した（石黒忠悳『懐旧九十年』二九四頁）。

必要糧秣の量

元来、いつ、何を、どれくらい必要とするのか正確な予想は不可能である。必要不可欠な兵站を維持するために陸軍は、困難の連続に直面する。

日清戦争当時の一個師団の野戦隊人馬数は表8のとおりであった。

陸軍では一人あたり一日に精米六合（常食）と副食を、馬一匹には一日に秣五升（大麦）を支給する（『日清戦史』第八巻、八九頁）。単純化して言えば、師団の野戦隊は米一二〇石（重量にして一八トン）と馬糧一六〇石（同二四トン）を日々消費することになる。

食事は軍隊にとっても最も基本的なものであり、混成旅団第一次輸送の兵馬用に以下の品物が輸送された。精米・干し魚・高野豆腐・醤油・切り昆布・缶詰・らっきょ・ビスケット・ブラン（ふすま粉・小麦の表皮）・干瓢《かんぴょう》・梅干し・味噌漬け・砂糖・味噌・酒・薪《まき》・炭・大麦・干し草・藁《わら》である（千代田九七〇）。開戦後には、塩・茶・玄米・煙草・鰹節などが加わった。

朝鮮の味噌醤油は日本人の口に合わず、砂糖は手に入らなかった。燈火に使う油類に乏しく蠟燭《ろうそく》も入手できず、薪炭もわずかな量しか得られなかった。朝鮮で調達可能であったのは、穀類・糧秣・肉類・卵などであった（一八九四年七月一二日、有吉雅一中尉報告、９ＭＢ５Ｄ報告）。日本から輸送したものと現地で補充した食材をもって用意された献立（朝鮮滞陣中）には、鶏肉・葱《ねぎ》・胡《きゅ》瓜《うり》漬け・味噌・大根・鶏卵・干瓢・味噌漬けなど

表８　１個師団野戦隊人馬数

	兵　士	馬　匹
各兵科	12,553人	
野戦病院や輜重兵など	8,262人	
小計	20,815人	2,713匹（車輌1,458）
兵站諸部隊	852人	495匹
合計	21,667人	3,208匹

（出典）「戦時一師団人馬一覧表」千代田599より作成.

（注）朝鮮での戦場にあわせて駄馬編制の輜重を車輌編制に改正したことで既存の戦時編制と比べて人員数が増加し馬匹数が減っている. 表13の数と違う理由である.

が副食として提供された（「諸報告」一）。

輸送力不足

兵站根拠地であった仁川《じんせん》港には日本から運ばれた糧食を始めとする物資が山のように積まれた。問題は、港湾兵站根拠地から実際に兵馬が滞陣する内陸（漢城《かんじょう》）にいかにして輸送するかであった。輸送手段が圧倒的に不足していた。

仁川～龍山（漢城）間には漢江《かんこう》を航行する河蒸汽船があったが、老朽船ですぐに故障した。仁川居留地日本人夫は人数が少なく、連日の使役で疲労がたまり動けなくなった。朝鮮官吏は、清兵が牙山《がざん》に上陸するや全力をもって糧食や韓銭の供給を行う一方、日本軍が朝鮮人夫を雇用できないよう妨害した。かくして、六月下旬には漢城への輸送が続かなければ部隊は「飢渇」に陥るかもしれないほど事態は深刻化した（千代田三）。

切羽詰まった混成旅団は、人夫を日本から派遣することを求めた。これに対し、六月二九日、川上兵站総監は次のように兵站担当将校を叱責した。混成旅団派遣時に糧食などを運搬する手段は全て現地朝鮮で「徴発《ちょうはつ》」することを命じており、今次の要請は命令に反する。混成旅団の人員はわずか八〇〇〇人程度で、仁川から漢城間は三二キロ程でしかなく、部隊は滞陣中で移動しているわけでもない。これで補給ができないというのなら、一個師団以上の人馬が進軍しながら戦闘する時にはどのようにして補給を行うのか。費用を惜しまず現地で人的・物的輸送手段を確保する方法を検討し、あわせて日本公使館の支援を求めて兵站業務を全うせよと（「命令訓令」）。

厳しい命令を下しながらも、事態を放置しておくわけにもゆかず、川上は、第五師団の輜重《しちょう》兵（輸卒）から三〇〇名を選んで仁川に送るよう指示している（『日清戦史』第八巻、二頁）。

清軍の掠奪

清軍の状況はどうであったろうか。牙山に上陸した清軍の指揮官・聶士成《じょうしせい》は現地朝鮮人を慰撫し、運搬用に雇った船舶や人夫の賃銭や薪炭なども全て時価で支払っていると報告した。李鴻章の幕僚は、頗《すこぶ》る好い行いであると手放しで褒めた。李鴻章《りこうしょう》も、朝鮮派遣軍には多く糧食と天幕を携行させているとして、擅《ほしいまま》に民家や商店を掠奪しないよう部下を統制し食物を買い馬を雇う時も現金をもって公平に代価を払うことを命じた。そして、東学党《とうがくとう》に対しては殺戮をこととせず、財物や女性と子どもを掠取しないよう指令した（神尾光臣報告、特報四号五号「戦況及情報」一）。朝鮮で清国人が人身売買を行っていたからである。

しかし、報告と実態は違った。「支那兵は野菜の外、糧米等は一も買弁せず、野菜も買弁すると云うは名のみにて、強奪同様」持ち去っていた。鶏卵の値段が折り合わないと卵を打ち割って朝鮮人を威嚇した。米は購入するつもりはなく奪った。朝鮮人人夫も「脅迫」して使役し一日韓銭四百文を与え食事は提供しなかった（一八九四年七月六日、西山盛壽中尉報告、９ＭＢ５Ｄ報告）。

食糧徴発ならこうした

朝鮮政府は日本軍の糧食買い上げに応じる者を処罰すると布告を出した。牛・豚・鶏などは比較的豊富で価格も安かったが、現地の三〜一〇倍の値段で買おうとしても応じる者がいない。そこで、混成旅団は徴発隊を出して市価の三〜六倍の韓銭を投げつけて牛・豚・鶏などを持ち帰った。当の朝鮮人は牛を強奪されたと役人や他人に聞こえるようにわめきながらも、韓銭の多さに嬉しさを隠しきれなかったという（長岡外史『新日本の鹿島立』四一頁）。市価の数倍の値段で現地通貨で「強奪」の形をとった買い取りであれば、日本軍に協力したと疑われずに済むし金銭的利益も得られるというわけである。

人夫徴発の難しさ

しかし、人の使役は同じようにはゆかない。人的輸送力を確保することは難しい問題であった。幕末の幕府軍と長州藩との戦争では多数の軍夫《ぐんぷ》を動員したが、軍夫が逃げ出し進軍が停止したこともある。軍夫の逃亡を防ぐため、逃げ去ろうとした者を斬り捨てたり拷問にかけて恐怖心で繋ぎ止たり、はては鎖をもって大砲に軍夫を縛り付けることさえしている（三宅紹宣『幕長戦争』一一六〜一一八、一六八〜一七〇、二〇二〜二〇四頁）。西南戦争では、動員された軍夫の延べ人数は二〇〇〇万人を越え、その賃銭に一三〇〇万円余が支払われている（川崎三郎『増訂西南戦史』一〇九八頁）。それでも必要数を満たすことは困難であった。利益をもって誘おうが威嚇しようが、軍夫に応じる者は少なかったし、集まった者も逃げ出してしまうことがあった。国内でもこうであった。川上はじめ明治陸軍は外地で人夫を集め使役する難しさを十分理解していたとは思えない。

兵站業務は困難の連続であった。混成旅団は村落に人を派遣して「極めて穏和の手段」で駄馬を確保することを試みた。また、公使館の支援をうけて朝鮮政府から人馬徴集に協力する言質を取り付け代価と引き替えに人馬徴発に応じるよう告示を出させた。ところが、部隊が清軍攻撃に出発する日の朝（七月二五日）になっても駄馬は一頭も集まらなかった。朝鮮政府は協力姿勢の裏で、日本軍が掠奪に来るので牛馬を遠隔地に避難させるよう指示していた。日本軍に協力する者は殺害するという脅迫も行われていた（朴宗根『日清戦争と朝鮮』九〇～九四頁）。部隊は出発できなくなった。

混成旅団と公使館は兵士と巡査を漢城近郊に派出し、通行している牛馬を強制的に捕らえ（杉村濬『在韓苦心録』六〇頁）、村落に強談して駄馬や人足を出させ、なんとか部隊は牙山に向けて出発した。その際、「最強力」は用いていないといっている（一八九四年七月三〇日、竹内正策兵站監報告「戦況及情報」一）。銃剣を突きつけたり暴力をもって強制することまではしなかったということであろうか。ところが牙山へ向かう途中、軍が厳重に監視していたにもかかわらず、駄馬と馬夫は逃亡し、責任を感じた将校が自殺する事態となった（『元帥上原勇作傳』上、一八四～一八七頁）。

道路状況と行軍の困難さ

軍隊は実にさまざまな物資を運ぶ。軍隊が戦闘で使用する小銃や大砲の弾薬・衛生材料・工具など（小行李と呼ばれる）、宿営に必要なテント・炊具・糧秣・被服など（大行李と呼ばれる）がある。鉄道がない朝鮮ではこれらの物資を、人夫・駄馬・徒歩車輌で運ぶことになる。

朝鮮では人の移動や物流が制限され道路も整備されていなかった。道幅は狭い（五〇～六〇《チセン》ほど）部分も多く、糧食輸送に馬や車輌も使えず人夫で運ぶしかない場合もあった。これに加えて、路面がでこぼこだったり角張った小石だらけで人も馬も歩き難い道が多かった。馬は蹄を傷めるので騎兵や砲兵の進軍が困難になる。雨が降ると、樹木の過剰伐採によって山間部の保水力が失われているので、土石流が谷や川を流れ下り道路に溢れ行く手を阻んだ。

韓銭

現地通貨韓銭の不足も進軍の足かせとなった。金銀貨が流通せず紙幣もなかった朝鮮では、銅銭が基本通貨であった。これがなければ物品購入や馬匹借料、人夫賃も支払えない。しかし、大量に必要となる銅銭を調達することは困難であった。そして、これを運搬するのに大変な労力を要した。多数の穴あき銭を紐で通した形状の銅銭は重い。

川上が朝鮮視察を行った時点では、一円銀貨（約二七グラム）を韓銭に換えると約三キロになった（一八九三年八月、坂田厳三報告「編冊」）。大量の銅銭を携行するには人や馬匹によって運ぶしかない。朝鮮人一人を一日雇えば四〇〇文。部隊が要する糧秣などの運搬に五〇〇人を雇用すれば、日当（二〇〇貫文）の支払いに必要な韓銭の重量は約七五〇キロとなる。人夫の日当を払うために必要な銅銭を運ぶだけに別途二〇人（一人で一〇貫文を背負うとして）の運び手を雇わなければならなくなる。場合によっては、運んだ韓銭の多くが韓銭運搬賃に消えてしまい、物品購入など本来の用途に少ししか充てることができなくなる。韓銭不足に陥れば日当払いで働く朝鮮人人夫が逃亡してしまうので、部隊は必要物資の運搬ができず進軍できなくなった。

朝鮮の衛生状態

朝鮮家屋や旅館は、狭くて不衛生なので天幕を張って露営した方がましであった。現地の食事も、唐辛子とニンニクを多用するので口に合わなかったし、蝿が黒山のようにたかった。飲料水も不足し水質も良くなかった。入浴もできず、虱《しらみ》にかまれ痒さに体を掻きむしることになる。衛生を重視する内地の兵営生活とはまったく違う環境であった。加えて、朝鮮の夏は暑く、朝つくった昼食用の握り飯などすぐに腐ってしまうので携帯口糧《けいたいこうりょう》しか口にできなかった。そして、伝染病の脅威が加わった。平壌《へいじょう》では赤痢《せきり》が流行し、日本兵も多く罹患《りかん》し兵力を減じた。冬季に向けては腸チフス（チフス菌によって食事や水を通じて感染する）、痘瘡《とうそう》（天然痘、ウイルス感染）、麻疹《はしか》などを避ける必要があった（長岡外史『新日本の鹿島立』三八・三九・一一八頁、「日清戦史決定草案」第二冊、二三九・二四〇頁、千代田七）。

多くの日本人に強烈な印象を与えたのは朝鮮の街のようすであった。首都漢城は、道路が狭隘《きょうあい》で糞泥混じりの溝の水をほこりが立たないように路上に撒くので臭気が甚だしく、大通りから小路に入ると「糞塔路傍に積載して累々」としていた。（末広鉄腸『北征録』一〇三・一〇四・一二二・一二三頁、木下隆男『評伝尹致昊』一二六頁）。こうした街のありさまを多くの兵士が経験することになる。

平壌への進軍と兵站

成歓の戦いの後、清軍が根拠地とした平壌に向けて進軍する日本軍にとって多くの人夫と駄馬が必要であったが、その確保は覚束《おぼつか》なく糧食輸送の困難が予想された。

第五師団は兵站線開設を待たず平壌に向けて前進を開始した。平壌の要害を大兵をもって固める準備時間を与えず、防禦準備が完成する前に急襲する戦術的要請が存在したからである。また、朝鮮内政改革推進のためにも清軍撃破を急ぐ必要があった。清軍が平壌に集中し最終的に勝利を収めるという見方に基づいて、朝鮮では政治改革が停止状態になっていた。

悪路と輸送力不足によって日本軍はすぐさま苦境に陥った。混成第九旅団の業務は、一にも糧秣、二にも糧秣、三にも糧秣の運搬で、旅団は糧食準備に忙殺された。それにもかかわらず見るべき効果なく必要とする糧秣を確保できなかった（長岡外史『新日本の鹿島立』一七九頁）。兵站線設置は試みられたが平壌攻撃以前にはほとんど機能しなかった。最も困難だったのは輜重の輸送であった。

平壌へは、開城《かいじょう》・朔寧《さくねい》・元山《げんさん》の三方向から進軍することになっていたが、元山〜平壌間も大困難が待ち構えていた。行路は途中で高低差一五〇〇<ruby>メートル</ruby>の山道を越えてゆくことになった。道路と呼べるようなものはなく工兵隊が道を切り拓きながら部隊は進んでいった。路面は荒々しい岩石であり、礫が散乱し人も馬も足を痛めやすく、誤って足を滑らせると深い谷に転落しかねない。行く手を遮る岩や大木を越えるために駄馬の荷を下ろし兵が代わりに運んで通過することが日に何度もあった。九月上旬とはいえ未だ炎天下の行軍は苦しく、疲労で将兵は夕食も摂れないほどであった。通過する地域は農業生産力が貧弱で物資徴集もできず、糧食は不足する。荒原峻山の中に露営しながら、時に大雨にうたれ、冠水した道に行く手を阻まれ、船の備えなき河を渡り、人馬疲弊の極みの中で行軍を続けた（『日清戦史　決定草案』第二冊、四二三頁）。

日本軍は九月一五日から平壌総攻撃を行った。攻撃軍は糧秣確保にきわめて深刻な情況をかかえており、じきに弾薬と食糧の欠乏を来たした。一六日までに平壌を陥落させなければまったく食糧が尽きる部隊があった（『日清戦史』第二巻、九七頁、八巻、九五頁）。清軍があと数日粘れば形勢は逆転していたかもしれない。しかし、清軍が逃げ出し平壌は陥落した。陸軍にとって僥倖であった。内包されていた危うさは顕在化せずに済んだ。

平壌攻撃での困難は戦闘よりも糧食等の運搬であり、この攻撃が危険であった理由は補給の成算がなかったことであった。本来ならば兵站線を開設し補給を確実にした後に進軍すべきところ、野津第五師団長は作戦と政略的要請に基づく賭に出た。兵站は作戦と政略を前にして道を譲った（「日清戦史　決定草案」第二冊、四二五頁）。

平壌以北の状況

平壌戦（九月一六日陥落）から次の会戦（鴨緑江《おうりよっこう》の役）までに三〇日あまりを要した。平壌から清との国境の街である義州までは約二四〇キロ。行軍予定表では二週間で移動できる距離であった。実際には、ほぼ三週間を要した。原因は、輜重運輸の困難に直面したからであった。糧食運搬は比較的容易だろうとした野津師団長の楽観的判断は外れた（『日清戦史』第二巻、二一一・二一七・二一八頁）。

平壌は清軍が掠奪しつくしていた。清軍将兵には携帯した軍糧の他に平安道観察使・閔《びん》丙奭《へいせき》が徴集した穀類が提供された。しかし、清軍は同行役夫に食糧を提供する仕組みを欠いていた。役夫は平壌付近の村落で牛や豚などを強奪して食糧にしたり清兵営に売却するなどほとんど白昼の強盗と変わるところがなかった。止むことのない清軍の掠奪や婦女暴行を恐れて人々は避難して平壌の人口は大幅に減少したと言われる（一八九四年九月一二日、野津鎮武中尉報告「陸軍報告」一）。

平壌以北の状況も悲惨であった。清軍は朝鮮に進軍する際に軍需品を徴発しただけでなく、今度は清敗残兵が現地住民を殺し民家を焼き物品を掠奪しながら敗走していった。沿道の朝鮮人は逃げ去り、日本軍の糧秣運搬に利用できる人力や馬匹は入手できなくなった（『元帥上原勇作伝』上、二一九〜二二一頁）。

鴨緑江方向に北進を始めた第三師団と第五師団の部隊には、一日少なくとも四八トン強の糧秣を日々後方から追送しなければならなかった。当然多くの人夫が欠かせなくなるが、朝鮮の大都市平壌でも必要とする人夫は調達できなかった。人口希薄になる平壌以北の地域であればなおさら困難であった。糧秣追送が追いつかず、平壌以北で軍隊は往々飢餓に瀕した。その度ごとに、行軍を一時停止し、各部隊の兵士が軍夫や朝鮮人夫とともに食糧や被服類の運搬を行わざるを得なかった。

大本営陸軍上席参謀としての作戦指導

統帥の要諦

開戦後大本営の作戦指導も本格化するが、川上の苦労は絶えることがなかった。統帥の要諦は、被統帥者（師団長あるいは軍司令官）にできるだけ意志の自由を発揮させ同時に統帥の統一を保持することであるとされる。これには大本営の統帥者の努力だけでは足りず被統帥者が統一されようとする意欲を持つことが必要になる。大本営のリーダーシップは出先のフォロワーシップがあって初めて成り立つ。

人は自由意志を有し、立場も異にするので統帥者と被統帥者の意志が一致しないことがしばしば生じる。こうした時に、一片の命令で軍司令官を意のままに動かすことができると思うのは楽観的に過ぎる。フォロワーシップを呼び起こすために容認可能な範囲で被統帥者の自由な判断を尊重しその遂行を大本営が支援することもあれば、出先が放漫に陥ら

ぬよう作戦の統一を維持するために大本営の意志を断乎として被統帥者に強要するリーダーシップを発揮することも必要となる（『統帥綱領・統帥参考』七三〜七六頁）。

大本営上席参謀としての川上は、出先軍司令官に何をどこまで委任し、どのような理由と方法をもって軍司令官を束縛するかを実質的に決定するというきわめて困難な役割を担うことになる。この重任の遂行は、川上が陸軍上層部の中で比較的後進であったことによってより難しくなった。

川上の陸軍内序列

そもそも、川上は陸軍内で卓越した位置を占めていたわけではない。日清開戦時九名の現役陸軍中将の中で川上の序列は第六位（桂《かつら》太《た》郎《ろう》と同順位）である。四人（内二人は皇族）しかいない陸軍大将で閣僚歴も長い山県《やまがた》有朋《ありとも》や大山《おおやま》巌《いわお》に遠く及ばない。また、師団長の中には川上よりもずっと古参の陸軍中将がいた。彼らは川上（大本営）の作戦指導を素直に受け容れる雅量に満ちていたわけではなかったし、自ら立てた作戦計画に固執し大本営を手こずらせた者もいた。

最初からそれは明らかであった。野津《のづ》道貫《みちつら》第五師団長は、部隊を率いて朝鮮に上陸する時に大本営の指示を無視して混乱を引き起こした。山県も桂第三師団長も軍隊の行動は臨機変化するので現地と遠く離れた日本から命令できるものではないとし、参謀本部（大本営）が現地指揮官を束縛しないよう川上に求めていた（『公爵山県有朋伝』下、一四五・一四九頁。『公爵桂太郎伝』乾、五一八頁）。実際、山県・野津・桂いずれも大本営の命令に抗った。

川上はこうした出先指揮官に掣肘され自己の意志に反する訓令を出さざるを得ない場合もあった。普仏《ふふつ》戦争時のプロシア参謀総長モルトケは、すでに参謀総長としての偉勲をあげており、統帥命令を貫徹するために軍司令官を罷免するだけの実力を有していた（伊藤政之助『世界戦争史』一〇巻、八六五頁）。川上とモルトケの位置はまったく違ったのである。

川上が作戦指導において直面した問題を見てゆこう。

山県の山海関上陸論

第一軍は、九連城・鳳凰城・大孤山等を占領し、一一月上旬には清軍を朝鮮国境から撃退するという任務を完了した。大本営の当初計画では、第一軍は靉河《あいが》～鳳凰城～大孤山を結ぶ地域で冬営する予定であった。山県（第一軍司令官）は麾下《きか》の部隊に冬営準備を命じ（一一月一〇日）、旅順《りよじゆん》を攻略（一一月二二日）した大山（第二軍司令官）は当初の任務を果たし冬営期間中に直隷決戦準備を行うつもりであった（『日清戦史』三巻、二二〇・二二一頁、附録五二）。

しかし、冬営は清に戦力回復の時間を与えてしまう。そこで、一一月三日、山県は、渤《ぼっ》海湾《かいわん》が氷結するまであと三〇日ほどは作戦が可能だとして、山海関《さんかいかん》付近に上陸し北京攻撃の根拠地構築を行う案を大本営に提示した。山県はこの他、旅順で第二軍と合流（第二策）、奉天《ほうてん》攻略（第三策）を示した（『公爵山県有朋伝』下、一七六頁）。

山県が主張する山海関上陸論は成算がなかった。黄海《こうかい》海戦で打撃を被ったものの北洋艦隊主力は威海衛《いかいえい》にあり、日本側が渤海湾の制海権を完全に掌握していたわけではなかった。また、肝心の上陸点をどこにするかも未定で、これから偵察する必要があった。第二策のように第一軍が遼東《りょうとう》半島に移動すれば、清軍が奉天方面から南下して遼東半島の日本軍を圧迫したり朝鮮に再侵入する懸念があった。第三策の奉天攻撃は兵站上できない相談であった。冬季にこれを強行すれば軍は寒さと飢えで斃《たお》れてしまう。一一月八日、総長宮は以上のような理由を以て山県軍司令官に当初計画通り冬営するよう書翰をもって求めた（『隔壁聴談』七三丁）。

山県の提案は、糧食補給がままならず行軍が止まった朝鮮北部での経験を反映していなかった。第一軍参謀長も兵站を無視した奉天攻撃論を主張した。山県は、冬営の不利を論じ総長書翰に反論し、大本営に重ねて山海関攻略実施を求めた。

大本営の幕僚は、全体状況を見渡せない出先軍司令官が作戦大計画に容喙すべきでなく、自己の意見に固執する山県の姿勢は参謀総長を無視するもので見過ごせないと非難した。川上は、陸軍参謀の山県批判を抑えつつ、山県に無用な刺戟を与えないよう注意を払いながら山海関攻撃案が実行できない理由だけを伝えた。渤海湾沿岸上陸までに清残艦を撃破し上陸点を偵察し上陸可能性を確認する必要がある、これを完了するまでの間、しばらく冬営が必要なのだと（『隔壁聴談』七四・七五丁）。

海軍の山海関上陸論と作戦撹乱

一一月二六日、大本営陸軍部は、第一軍と第二軍を冬営させる方針の下、直隷決戦の準備として清艦隊を撃滅するために威海衛攻略を海軍部に協議する。ところが陸軍部の方針は海軍部によって揺さぶられる。海軍参謀部は、威海衛の清艦は港湾監視で足りるとして、直ちに渤海湾上陸に着手すべきと回答した。陸軍部は海軍部の意見に従い、威海衛攻撃を止め渤海湾北岸上陸に方針変更を行った。

一一月二九日、大本営は、連合艦隊に対して陸軍上陸のため洋河《ようが》付近で上陸点を調査し報告するよう命じた（命第二三号）。山海関付近に上陸可能ならば、第二軍は第二・第一師団・混成第一二旅団の順に上陸し、第一軍には清軍が朝鮮半島に侵入するのを防ぎ奉天方面に清軍を牽制する役割が割り振られた（第二軍司令官宛川上内報、「旗密書類綴」）。

これに対し、連合艦隊と第二軍が山海関上陸論に異を唱えた。渤海湾はすでに最低気温が摂氏零下一〇度になる厳しい寒さを迎え、強風が吹き波は高く、大軍を揚陸できる見込みがなかったからである。一二月六日、伊東祐亨《いとうゆうこう》《すけゆき》司令長官と大山軍司令官は威海衛を陸海軍で攻略し残艦を撃破すべきであると主張した（「旗密書類綴」）。伊藤博文《いとうひろぶみ》首相も威海衛攻撃論を唱えており（一二月四日）、山県も山海関上陸論をあきらめ威海衛攻撃論に同調した（一二月一二日）。

こうして一二月一六日に第二軍と連合艦隊に対して威海衛攻撃作戦が発動される。一八九五年（明治二八）二月二日に威海衛を占領し、一二日には北洋艦隊が降伏した。ここに渤海湾の制海権は日本側に帰した。

山県との対立 ——海城問題——

大本営・川上と山県の対立は、大本営の意に反して山県が海城攻撃を命じたことで再燃した。川上（兵站総監）が直隷作戦準備のため第一軍の大部分を大連湾《だいれん》方面に移す準備作業を第一軍兵站監に命じたところ、山県は第一軍が大連湾に移動するには析木城や海城付近の清軍を撃破する必要があるとして第三師団を海城方面に進軍させようとした。

一一月二九日、海城攻撃に反対であった大本営は山県に対して靉河～大洋河水域に駐留して奉天方面の清軍を牽制することを命じたが、山県は意志を変えず海城攻撃着手を大本営に事後報告した（『隔壁聴談』七八・七九丁）。糧食補給を無視して作戦は発動された。一二月の満州は路面が氷結し始め滑りやすく歩行が困難であった。薄氷を割って渡河するので将兵は足を濡らし身体を傷つけた。衣服をはじめ十分な冬装備も欠いていた。朝鮮で

図17　山県有朋

兵站に苦しんだ山県や桂であったが作戦を優先させた。

陸軍部参謀たちは、大本営の訓令を無視する山県を非難した。川上は、大本営の訓令に悖《もと》り戦いを貪るような人物ではないと山県を庇《かば》い、海城攻撃命令も前の二九日訓令に従うための方便であり、目的を達成したならば必ず大本営訓令の地点に軍を収集するはずであると不問に付した（『隔壁聴談』八〇丁）。

大本営命令をもってしても現地で指揮する山県のような老将を直ちに拘束できるわけではなかった。山県は現場の判断が大本営命令に優先すると出征前から主張しており、それをためらいもなく実践した。川上は作戦計画の大方針が破綻しない範囲内で現地指揮官の判断を容認せざるを得なかった。

第三師団は、一二月一三日に海城を攻略した。ところが、海城奪回を図る清軍に包囲され戦闘で多くの兵員を失うことになる。この苦境を打開するためとして第一軍は遼陽・奉天攻略の必要と第二軍からの兵力支援を大本営に要請した（一八九四年一二月一四日付川上

操六宛小川又次第一軍参謀長電報「準備書類　大本営の命令」)。

川上と海城放棄論

海城付近で戦闘を繰り返して兵力を損耗することは、本作戦である直隷作戦に不利益となる。作戦計画の大方針に一致する第一軍の任務は、清軍を鴨緑江地方に引き付け、攻撃してきた清軍を撃破することである。こうした考慮から川上は、第三師団を冬営予定地域に撤収させることについて病気で帰国途次の山県に同意を求め、広島に到着した山県に改めて説いた。しかし、山県は海城放棄を肯《がえ》んじなかった(『隔壁聴談』八二・八三丁、「野津道貫関係文書」二九―八、一八九四年一二月二五日条)。

海城占領を否定し岫巌地方に退き冬営するという大本営の議論に、山県は軍人にあるまじき話だと非を鳴らし抗議するつもりでいた。山県の後を襲った野津第一軍司令官も大本営・川上の方針に反する意見を有していた。野津は、海城から蓋平付近の清軍を撃破して金州《きんしゅう》(遼東)半島を領有するとか、冬季陸路山海関に進軍するなどといった作戦方針を具申し、「後方勤務の難否を論じ用兵の好機を誤まる如き場合に非らざるべし」と兵站よりも作戦を優先させる主張をもって川上を批判した(「野津道貫関係文書」二九―八、九、一八九四年一二月二五日、一二月二六日条)。

第一軍は中央の指令に反し大本営の作戦計画にも口出しした。そうした出先の姿勢を矯正し軍紀を正さなければ直隷決戦も不可能になると危機感を抱いた大本営陸軍参謀は、第三師団を海城から撤兵させる命令を出すべきだと川上に迫った。そうした強硬策は円滑さを欠く嫌いがあるとした川上は、野津の山海関進軍論が実行し難い理由を示し、第三師団を支援するために第二軍から部隊を派遣する措置をとり、併せて第三師団の撤兵を促す訓令を出す（『隔壁聴談』八四・八五丁）。

一八九五年一月三日、大本営は第一軍司令官に対して、そもそも海城地方を占領する事は作戦大方針に合致せず第三師団を派遣した当初の目的でもないと指摘し、常に作戦大方針を念頭に置くよう釘を刺し、時機を見て海城から撤退する覚悟を求めた（参命一六五号）（『日清戦史』第四巻、一四四・一四五頁）。

この命令に山県が怒った。山県が軍司令官として第三師団を海城に向かわせた当初の目的を否定され、山県の意向を無視する形で大本営命令が発せられたからである。命令をうけた野津は、海城占領が水泡に帰さないよう適宜処置すると大本営命令を骨抜きにする意を密かに山県に伝えた（「野津道貫関係文書」二九―九、一八九五年一月六日条）。山県と野津は出先軍司令官の判断が大本営の命令よりも優先されるべきと考え、川上と対峙していたのであった。

大本営の海城放棄論に対し、山県は海城を講和まで占領しておくべきとする意見を川上に伝えている。海城・析木城は多くの人命を犠牲にして万艱《ばんかん》を冒して陥落させたものだから保持するのは当然であり、放棄は国内で非難をうけるだけでなく、清軍を勢いづかせてしまう。また、占領地の民心を日本側につなぎ止めておく必要もある。山県はこれらの利害を考慮しなければならないと主張した（『公爵山県有朋伝』下、二〇〇・二〇一頁）。軍司令官も師団長も大本営命令に服さず、これを山県が密かに支援していたのであった（「野津道貫関係文書」二九―一一、一八九五年二月四日条）。

山県との対立―山県参謀総長案―

山県第一軍司令官は戦地で健康を害し司令官としての任を果たすことが困難になった。そこで、戦地の状況を報告するよう勅語が出されれ（一八九四年一一月二九日）、山県は一二月一六日に広島に帰着した。

山県は、病によって帰国のやむなきに至った事を「終生之遺憾」「実に千古之遺憾」と神経を高ぶらせていた（一八九四年一二月一三日付山県有朋書翰「田中光顕関係文書紹介」五）。帰国後は大本営参謀総長を補佐する職に就くことを強く希望した。

長州出身の有力政治家であった井上馨《いのうえかおる》（朝鮮公使）は、大本営御用掛として総長宮を輔翼《ほよく》すべき命を天皇に出してもらう案を伊藤総理に書き送っている。山県は、望みがかなわなければ軍人をやめ隠退する意を洩らしていた。そうなれば戦争相手国を勢いづかせ列国には日本の戦争指導体制の弱さと混乱を示すことになる。また、不満を募らせた山県が戦後に大きな混乱要因になるかもしれなかった。井上はこうした事情を考慮するよう伊藤に求めたのである（『伊藤博文関係文書』第一巻、二七一頁）。

しかし、山県が総長宮を補佐する役職に就けば、大本営上席陸軍参謀である川上の地位が不安定化し、作戦指導をめぐって川上と山県の軋轢《あつれき》を激化させることは必至であった。大本営陸軍参謀の中には反山県感情も抱かれていた。結局、山県は監軍に就き（一二月一八日）次いで元勲優遇の勅諚をうけた。

山県は、参謀総長訓令を発する前に訓令案を回送することを求めた（『公爵山県有朋伝』下、一九七頁）。大本営の訓令を事前審査しようとしたのである。陸軍の第一人者として当然と自負していたのであろう。ところが、それを無視する形で大本営が参命一六五号を出したので、山県は川上に対し作戦や重要案件について直接関与させるよう要求した（一八九五年一月七日付西郷従道宛山県有朋書翰、「山県伝記資料」三）。

有栖川宮熾仁親王《ありすがわのみやたるひとしんのう》は、一二月中旬に腸チフスを発症し、一八九五年一月二日からの転地療養むなしく一月一五日（公式には一月二四日）に薨去した。後任参謀総長に山県が就く可能性がでてきた。

川上は山県が参謀総長に就くならば陸軍上席参謀を辞任すると反対し、樺山資紀《かばやますけのり》海軍上席参謀も山県総長案に反対した。山県は参謀総長として作戦指導にかかわれなければ軍服を脱ぐと政府に圧力をかけた。井上は伊藤総理に山県総長案を勧めた。しかし、伊藤としては、大本営の陸海軍上席参謀の反対を無視して山県参謀総長案を天皇に薦めることはできなかった。結局、後任参謀総長には、一月二六日に皇族の小松宮彰仁親王《こまつのみやあきひとしんのう》が就いた（一八九五年一月二二日、一月二五日付井上馨宛伊東巳代治書翰「井上馨文書」）。

野津・山県との対立―遼陽・営口攻撃論をめぐって―

大本営は、一八九五年三月下旬までに第三師団を海城から大連湾付近に移動させ直隷作戦に備えさせ、第五師団には清軍の朝鮮再侵入を防ぐ作戦計画を示した（参命一六五号）。ところが、海城の第三師団は、約五万の清軍によって南西（蓋平～営口）と北（遼陽方面）から包囲され身動きがとれなかった。

第一軍は、このままでは第三師団が三月下旬までに大連湾に移動することが難しいとして、遼陽と営口付近の清軍を攻撃することを具申した。これに対し、大本営は直隷作戦を重視して兵力の損耗を避けるため遼陽営口の清軍攻撃に反対した（『日清戦史』第五巻、一～二頁）。川上も、野津宛私報で、第三師団の移動は今すぐ行う必要はなく先延ばしにできるとして戦闘を行わないよう求めた（「野津道貫関係文書」二九―一一、一八九五年一月三〇日条）。

野津は前の遼陽・営口攻撃論は天皇の許可が下りることを前提に準備を始めていると大本営の命令に反駁し、大本営訓令を拒絶する姿勢を見せた。野津は、第五師団を鑁河〜大洋河水域の守備に就かせる大本営の方針を「開戦以来連戦連勝の結果を皆無」にするものと非難し、それを実施するならば第一軍司令官を解任するよう言いつのり大本営命令に抵抗した。現地では、桂第三師団長と奥保鞏《おくやすかた》第五師団長も遼陽と営口の清軍を攻撃することはやむを得ないと認め、第一軍は大本営を無視して作戦準備に着手した（「野津道貫関係文書」二九―一一、一八九五年一月三〇日、二月四日条）。

野津の大本営に対する脅迫めいた反論をうけて小松宮参謀総長は、山県の出席を求めて大本営陸軍参謀会議を開いた。会議をうけて大本営は、野津に対し遼陽攻撃を避け牛荘・営口方面の清軍を撃退するよう命じ（『隔壁聴談』九二丁）、海城方面を占領し続けるため第三師団を残留させる場合には、直隷作戦での兵力不足を埋めるため屯田兵《とんでんへい》を動員し後備兵をやりくりして必要な兵力を確保することにした（「樺山資紀文書」第二期、三八六―一二）。海城占領継続で大本営が折れて山県との妥協が成立した。

現地では清軍精鋭が集結しつつあった。海城か蓋平で一大決戦を行うため、大本営は第二軍所属の第一師団に蓋平に進み第一軍を支援するよう命じた。

ところが、第一軍の作戦計画は、大本営が認可したものとは違い、第五師団がまず遼陽に向かい、第三師団は牛荘の清軍を攻撃した後で第五師団に合流して遼陽の清軍を攻撃し、最後に両師団と第一師団が協力して営口の清軍を攻撃するというものであった（『日清戦史』五巻、三一頁）。

大本営は遼陽方面での戦闘の必要性を認めず、営口・牛荘方面の清軍を撃破した後は、清軍と距離を取るよう天皇の命令を奉じた（参命一八八号）。前に野津の激しい反発をうけたことも考慮してか、川上は私報をもって野津にこの命令を説明した。すなわち、野津が求めた作戦計画は直隷作戦に大きく影響するので、山県も出席して討議を尽くし天皇の裁定を仰いだ。今回の命令の内容は、遼陽地方の攻撃を除いて野津の計画を天皇が是認したものである。この事をよく承知していて欲しいと（「準備書類　大本営の命令」）。川上は天皇の意志を持ちだして出先軍を統制しようとした。

それにもかかわらず、野津は遼陽攻撃は必要でありすでに各師団に下命しているので今さら計画を中止できないと自己の意を曲げず、前に具申した作戦の遂行を承認してもらえるよう天皇に懇願した。大本営の命令に抵抗し天皇に対して命令再考を求める野津電に接した大本営参謀は、参命第一八八号があるにもかかわらずなお自説に固執する野津の願いは「御許容」されなかったとして、「貴官は謹んで参命第一八八号命令を奉行せらるべし」と厳命し野津軍司令官を大本営の意志に従わせようとした（「野津道貫関係文書」二九

—一二、一八九五年二月一七日条)。

中央の統制を回復するために命令に抗う現地指揮官を更迭する手段は、慎重の上にも慎重を期す必要がある。安易に強硬策に訴えれば、中央が出先をうまく御する手腕を欠くという非難を生じさせよう。それは、反《かえ》って川上ら大本営の能力に疑問符をつけ、ひいては大元帥としての天皇の権威を傷つけるかもしれない。それを防ぐためにも、中央は出先軍司令官に対して説明と説得を行い、場合によっては命令を奉じるよう厳命するなど手段を尽くさなければならない。明治天皇も駕馭しがたき嫌ありと嘆じたように(『明治天皇紀』八巻、八一〇頁)、出先の軍を統制するのは容易ではなかった。

遼陽攻撃を認めない二度目の命令に接する前に野津司令官が遼陽攻撃を止めて、鞍山站から牛荘・営口方面の清軍攻撃に着手することになった。遼陽方面と牛荘～田庄台～営口に清軍は八万を越える兵力を集中させつつあった。二月二八日、第三師団が海城前面の清兵を攻撃し始め、戦闘は市街戦を含む牛荘攻略(三月四～五日)、営口占領(三月六日)、田庄台の宗慶《そうけい》軍撃破(三月九日)と続いた。海城を南北から挟む形勢にあった清の主力は分断された。宗慶らは西南の錦州《きんしゅう》に逃れ、遼陽の軍は奉天を守るために遼陽付近にとどまり、相互に支援を行うことができなくなった。

直隷決戦準備と兵力の限界

渤海湾を扼《やく》する二つの海軍拠点である旅順と威海衛が陥落し北洋艦隊も降伏し、遼河平原での戦闘にもひと区切りがついたが、なお講和は成立しなかった。清に降伏を迫るには、渤海湾沿岸に上陸作戦を行う必要性が高まる。上陸すれば、北京攻略まで進撃は止まらないだろう。

不本意な形で戦場から離脱することになった山県は再度出征の機会をつかもうとしており、その心情は元老政治家というよりも一介の武弁としての願望が優っていた。山県は直隷作戦の暁には総長宮総督の下で幕僚として戦場に立つ事を切望していた（『伊藤博文文書』第一七巻、二七五〜二八〇頁）。戦争を始むるは易《やす》く戦争を熄《やむ》るは難《かた》しと慎重な態度をとる後年の山県とは別人であった。川上も直隷作戦の実施に意欲を燃やしていた。

開戦前の「討清策」では、北京攻略に立ちはだかる要衝天津付近に集合しうる清軍は多くて六万五〇〇〇と想定され、四個師団をもって攻撃すれば勝算があると見込まれた。ところが、制海権獲得が遅れ秋に直隷作戦を実施できず、清側に兵力動員の時間を与えることになった。一八九四年一二月下旬には一五万近い兵が北京防衛のために集まり、翌年三月になると天津から北京付近の清兵力は約二〇万にまで膨れあがった（「準備書類　大本営の命令」）。四個師団（銃数約四万）で直隷決戦を行い北京を攻略することは困難となった。日本陸軍は近衛師団を加えても常備七個師団で野戦師団の銃数は七万弱でしかなかった。

満州方面で清軍を牽制する第五師団は直隷作戦に投入できないので銃数は六万弱となる。直隷決戦に使用できる兵力が減少し確実に勝てるという見込みは立ちにくくなった（『隔壁聴談』九九丁）。陸軍の公式戦史で余裕をもって勝算を期したとあるのは（『日清戦史』第六巻、二八二頁）、実態を覆い隠した表現であろう。

直隷決戦準備を進める中で日本軍は限界に突き当たり始めた。可能な限りの兵力を投入するために、屯田兵も臨時第七師団に編制し直隷平野に送り、後備諸隊の大半も海外に派遣することになった。後備兵は、直隷省の守備兵、金州半島守備、金州半島兵站守備、朝鮮守備、第五師団補強、澎湖島守備などに充てられる予定であった。しかし、後備歩兵隊には村田銃を携帯させる余裕がなく旧式銃の装備となった。また、四八大隊を編成する兵数は足りていたが幹部が不足し四〇大隊未満の編成にとどまった。

兵站線も困難な状況に直面した。山海関から北京まで約三二〇キロの距離があり、山海関から開平までの約一六〇キロは、大本営直轄の臨時鉄道隊によって列車を一日四編成運行して、五五〇トンの物資を輸送する計画が立てられた（参謀本部「大日記」明治二八年）。進軍予定路には少なくとも四〇個の兵站司令部の新設が必要であったが、設置に必要となる幹部人員が足りなかった。兵站線に伴う通信所も電信技手不足で新設不可能な状態になった（「樺山資紀文書」第二期、三八六―三）。

決戦となれば一時的に日本国内防備はほとんど空になる予定であった。内地に残留するのは野戦軍補充隊を兼ねる後備歩兵など（合計一〇大隊）でしかなく、各師管で国民軍を編成（歩兵各二大隊）しても防禦力としては心許《もと》ない水準であった。

征清大総督府

戦争の進展に伴い大本営の戦地転進が検討された。朝鮮半島を経由する軍用電信はしばしば不通となり、戦地からの情況報告や戦地への命令伝達に著しい遅延が生じていた。一八九四年一一月から九五年一月までの三ヶ月間で電信が不通となった回数は三九回、延べ二〇〇時間を優に越えた。長い時は五日間も不通となった。大本営と作戦軍を接近させる必要があった（『隔壁聴談』一〇二丁）。

大本営は、各軍ごとの戦闘状況を正確に把握し新命令を発し、必要に応じて各軍の動きを調整する作戦指導を行い、兵站を維持しなければならない。軍が渤海湾岸に上陸すれば船で旅順まで行きそこから電報を打つ。その情報をもとに広島で新作戦を立案し命令を発する。命令は、軍から各師団以下の部隊へ伝達される。計算上、新たな命令に基づく作戦が開始されるまでに三日近くかかる。これに電信不通が加われば、一週間以上の間隔が空くことになりかねない。これでは作戦命令が最新の情勢にそぐわなくなる。これに加えて、皇帝が蒙塵《もうじん》し戦争が泥沼化する事態を防ぐため機敏な対応を行う必要もあった。これらの理由から大本営は参謀総長を陸海軍の総指揮官とする高等司令部を戦地に置く必要があると主張した（『伊藤博文文書』第一九巻、一三～二二頁）。

モルトケは、現場から隔たっている者が積極的な命令を下すことは、いかなる場合にあっても、はなはだ不都合である。最高統帥権者が軍と同行しないのであれば、現地に赴く将帥に、自主裁量の余地を与えなければならない。戦争は後方の机上で指揮するものではない。瞬時の決断は然るべき場所にいて現場の状況を判断することによってのみ可能となると語っている（片岡徹也編著『戦略論大系③モルトケ』六三頁）。川上も同じ考えであったと思われる。

高等官五等	高等官六等	高等官七等	高等官八等
	小澤徳平		
柴五郎	宇都宮太郎		
中尾雄	飯田篤之進 山県文蔵		
	佐伯運之祐 梶川重太郎		
	佐伯誾 鈴木四教		
福原信蔵	吉村正敏 大庭二郎		
	井上仁郎 西田治六		
仙石貢	松本和		
	梅村金十郎		
	湯川寛吉		
外松孫太郎 遠藤慎司	小倉義雄		
平山増之助			
	宮崎兼文 金澤信豊		内村義一郎
	秋庭守信		
		高山逸明	

官まで一階級ずつ降ってゆく．高等官八等が少尉

表９　大総督府人名表（明治28年４月）

区分＼階級			親任官	高等官一等	高等官二等	高等官三等	高等官四等
大総督			彰仁親王				
幕僚	参謀部	陸軍		川上操六		土屋光春	東條英教
幕僚	参謀部	海軍		樺山資紀		角田秀松	伊集院五郎
幕僚	副官部	陸軍				大生定孝	
幕僚	副官部	海軍					
兵站総監部				川上操六		高木作蔵	
兵站総監隷属部	運輸通信長官部				寺内正毅		
兵站総監隷属部	運輸通信長官隷属部	鉄道船舶運輸委員					
兵站総監隷属部	運輸通信長官隷属部	野戦高等電信部					渡辺當次
兵站総監隷属部	運輸通信長官隷属部	野戦高等郵便部					
兵站総監隷属部	野戦監督長官部				野田豁通		
兵站総監隷属部	野戦衛生長官部				石黒忠悳		落合泰蔵
管理部							村田惇
管理部隷属	憲兵						
管理部隷属	衛兵						
管理部隷属	輜重兵						
軍楽隊							

（出典）　大本営副官部「諸表面」甲より作成．

（注）　①下士官以下は省略した．人員総計566人．馬匹157匹．

②親任官は大将，高等官一等が中将で，以下，少将（同相当官）から佐官・尉（同相当官）となる．

列国は清朝崩壊をおそれて直隷作戦に反対していた。大本営が大陸に進出し北京攻略を指揮している時に列国が武力干渉を行えば、天皇以下政府と軍首脳が敵地で孤立してしまう。大本営の戦地移転には反対論が多く、その結果、大本営参謀総長彰仁親王が三月一六日に征清大総督に任じられ直隷作戦を指揮することになった（表9）。

進軍計画

三月一二日、大本営は直隷作戦準備のため第一軍に対して四月下旬から五月中旬までに大連湾に集中するよう指令を出した。野津を司令官とする第一軍は、第一・第三・臨時第七師団を基幹とし、大山を司令官とする第二軍は、近衛・第二・第四・第六師団・機関砲隊他から成る（三月一六日以降の編成）。

作戦計画の概要は、①近衛と第四師団が西海艦隊の支援をうけながら洋河口付近に上陸し、山海関～撫甯以南を根拠地として占領し、近衛師団は山海関を攻略し満州方面からの背面攻撃を防ぎ、②次いで第二軍残部、そして第一軍を上陸させ、③第一軍が左翼、第二軍が右翼となって北京を目指して進軍する。第五師団には九連城・鳳凰城・海城・営口を結んだ線を防禦線として清軍が朝鮮半島や遼東（金州）半島へ侵入することを防ぎ、朝鮮義州～大孤山間の電信線を守備する役割が与えられた（『日清戦史』第六巻、二八三～二八八・三〇三頁）。そして、大総督府も広島から旅順を経由して洋河口に上陸することになっていた。

上陸地を洋河口付近とすることは三月下旬から五月上旬まで変わっていない。清側は日本軍の上陸に備えて山海関〜洋河口〜灤《らん》河口〜大清河口にかけて防禦線を設けていた。日本側の清軍配置推定とは違いがある（図18・19）。

大本営幕僚の講和構想

長州閥の有力者井上馨は、北京攻略は列国の干渉を引き起こすので、米大統領の講和打診（一一月、後述）を受け容れ戦争を終結させる方がよいと考えた。清朝が瓦解し西洋列国が清を分割すれば、日本に不利であるばかりでなく東洋全体の害となる。「勝に乗じ過ぎは尤も慎」むべきであった。朝鮮半島から清軍を撃退し旅順を陥落させ北洋艦隊に打撃を与えた戦果は、明治国家の国威を世界に示すのに十分であるし、幕末維新期に国事に斃《たお》れた先達に十分顔向けできるものと考えられたからである（一八九四年一二月一六日付伊東巳代治宛井上馨書翰「伊東伯爵家文書」、一八九四年一二月二五日付伊藤博文宛井上馨書翰『伊藤博文関係文書』第一巻、二七二頁）。井上にとって自らも深く関りながら創り上げてきた明治国家が十分機能し、民族的独立を達成できる状態であることが実証されただけでも満足できる成果であったのである。

ところが、大本営の陸海軍参謀は、井上的な考えとは違った。帝国主義国家日本の建設者たらんという発想に立ち、東洋全局の平和の維持を日本の天職であり責任でもあるとする新たな将来像を抱いていた。北京を陥落させ城下の盟を結ぶ成果として、「敵地領有に

図19　後に判明した清軍配置図
（参謀本部編『明治廿七八年日清戦史』第５巻より）

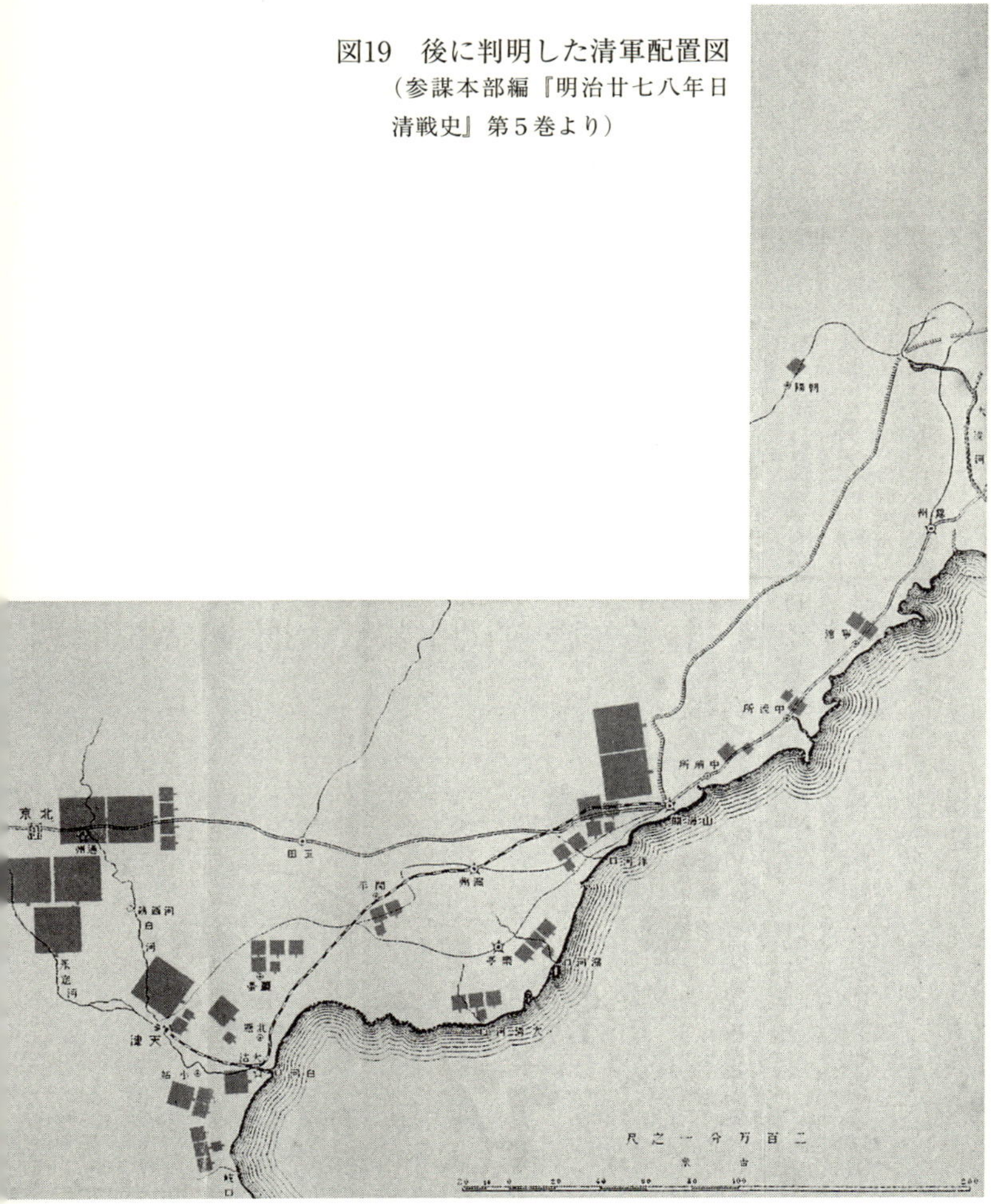

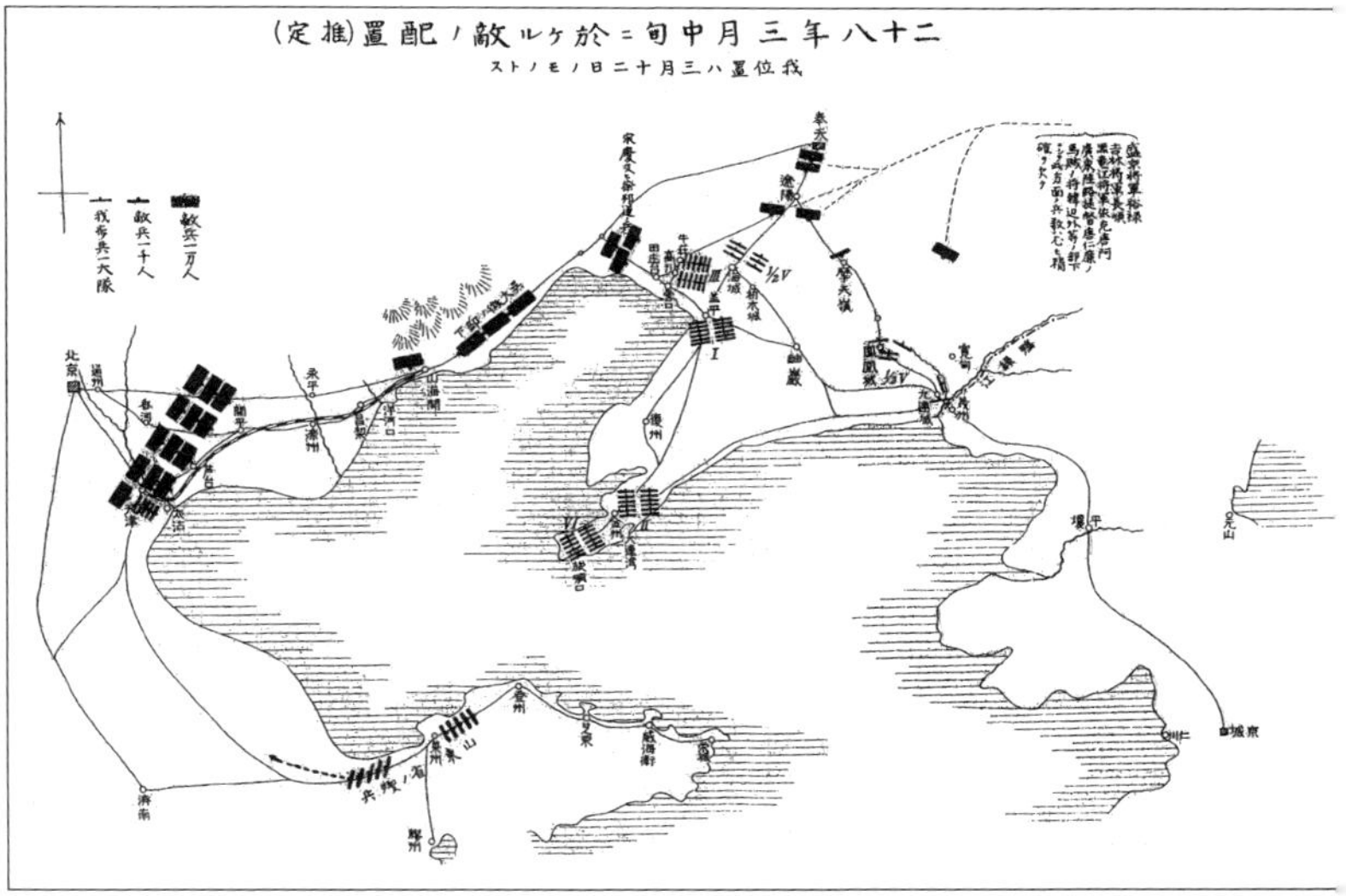

図18　明治28年３月中旬の清軍配置推定図（「明治二十七八年　戦史編纂準備書類」より）

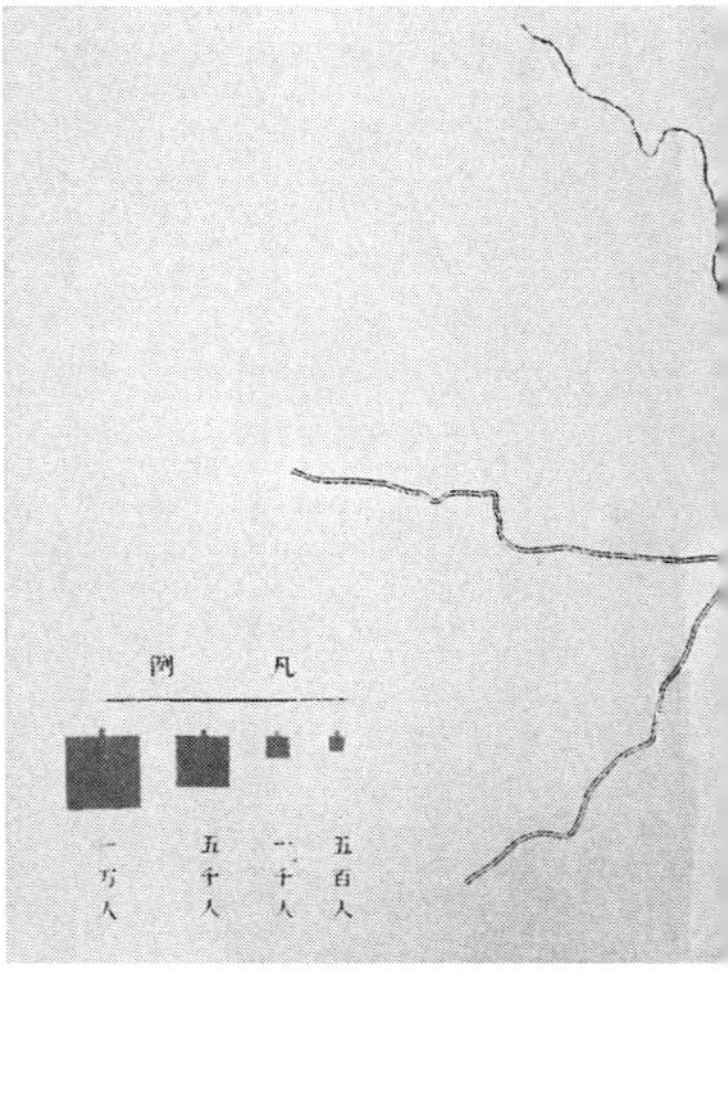

関する意見」（一八九四年一一月）（「樺山資紀文書」第二期、三八三）は、賠償金金額の言及はないが、遼東半島・山東半島・澎湖《ほうこ》諸島・台湾・舟山《しゅうざん》群島の割譲を主張する。

鴨緑江以西そして遼陽付近を流れる太子河以南から遼東半島までを割譲する目的は三つあった。まず、清の対日復讐戦を防ぐためであった。次にロシアの遼東半島獲得を阻止することであった。ロシアは遼東半島を占領し旅順に強大な兵力を配置して清の死命を制し、東アジアでの制海権を握り、朝鮮を刄に衅《ちぬ》らずして併合しようと欲していると見ていたからである。ロシアの動きを封じる事が、「東亜の平和を永遠に維持し帝国の安寧を無窮に鎮護」することに通じると考えたのである。第三に、清からの朝鮮独立を確実にするためであった。

山東半島の全部割譲は、威海衛と膠州《こうしゅう》湾を有して渤海湾の海上権を掌握し清北部での海軍再建を不可能にする狙いがあった。また、中清から北清・渤海湾への海上輸送路を抑え清の死命を制することができる。

舟山群島を領すれば、清全土の大動脈たる揚子江の入り口を扼し、清の南北連絡を絶つことが可能になる。ここには河川警備艦を配置する。

澎湖島には強大な艦隊を置き中南清を抑えるとともにイギリスの拠点香港を牽制する目的が与えられた。将来、太平洋と南洋の海上を制する布石であった。台湾は日本の新市場でありフィリピン領有化に向けた足がかりと位置づけられた。
朝鮮は日本が軍略目的の為に利用できるようにしておくことが語られた。

経営負担　講和条約に示された遼東半島を含む盛京省一部割譲面積は、二五七六方里《（平方マイル）》人口約四五〇万人とされる。九州の面積に近い広さである。台湾島面積は三三二一方里、澎湖島一六方里で、合わせた人口約三〇〇〇万人であった（『日清戦争実記』二七編、五二・五三頁）。大本営幕僚の案では、盛京省・遼東半島に二個師団と艦隊、山東半島に一個師団、台湾に一個師団、澎湖島に艦隊を置くというのであるから、陸軍四個師団と強力な二個艦隊が必要になる。

盛京省全体で得られる租税は二五〇万両《（テール）》程でしかなく、これを日本領とすれば収入を上回る費用を投入しなければならないと見込まれた。桂太郎は、十分な税収が見込めない遼東半島領有には反対で、占領地をもって他の要求と交換しようと考えた（『桂太郎自伝』一三四頁）。明治天皇も財政上の観点から遼東半島割譲には消極的であった（『明治天皇紀』八巻、八一〇頁）。伊藤首相も清に講和条約を履行させる取引材料として領土割譲を位置づけていた可能性が指摘されている（古結諒子『日清戦争における日本外交』六六頁）。川上の遼東半島割譲論は、これらと違い、前に見た将来構想に基づくものであったと考えられる。

陸軍では占領地総督部（編制発布は一八九五年三月三〇日、占領地総督には四月五日に第二師団長から転じた佐久間佐馬太中将）のもとで、満州経営計画が立案され始めた。三国干渉によって遼東半島返還となり検討作業は中断することになるが、内容を一瞥しておこう。遼東半島には二個師団と要塞砲工兵を置き旅順口と大連湾を一体として防禦する計画を立てた。内陸部の要塞構築は未調査であったが、海城や鳳凰城に建設する予定であった。交通路整備は、第一期で、大連湾から蓋平を経由して海城まで鉄道（本線）を敷設し、蓋平から営口まで枝線を延ばす。そして第二期で、海城から朝鮮の義州を経由して釜山までの朝鮮縦断鉄道を建設し、海城～岫巌～大孤山を結ぶ枝線を建設する。鉄路と海上航路によって日本と朝鮮と満州が一体化され、満州鉄道は清の鉄道に接続する。統治は軍政ではなく民政である（佐久間占領地総督上奏、千代田八〇四）。

新領土と予定された遼東半島経営で最優先されるものは鉄道建設であった。山県有朋は日清講和条約批准交換後、鉄道敷設材料は分捕り品を含めて三〇～四〇哩《マイル》あるので直ちに大連湾～金州～蓋平間の鉄道建設に着手すべきであると川上へ書き送っている。鉄道ゲージは鉄道接続の便から「広軌」すなわち清で採用されている国際標準軌である（『陸軍大将川上操六』一五六頁）。三国干渉でこれも水泡に帰した。

伊藤博文総理の戦争指導と川上操六

戦争指導の要諦

戦争指導の要諦は、第一に戦争目的を確立することである。戦争目的は最初から与えられているわけではない。戦争によって何を達成しようとするのか最終目的を考慮する必要がある。第二は、軍事的勝利・進軍の限界を知る事である。第三は、いつ戦争を止めるかを知り、行き過ぎないように制止することである（堀場一雄『支那事変戦争指導史』三八〜四〇頁）。

戦争目的を明確にし、自己抑制をかけ、戦争相手国を説得し、他の関係諸国にとっても受け容れ可能な条件で講和を結ぶという勝利の限界を見極める節度が求められるわけである。ところが、軍事的勝利を講和条約締結という形で結実させることは非常に困難である。勝利の限界がどこにあるのかわからずに失敗するのが人間である。

戦争目的達成には政府と統帥部《とうすいぶ》の調和が必要である。政府は統帥を支援し戦果を利用して戦争目的達成につなげ、統帥は政略目的に順応して逸脱しないことが求められる。

政略と戦略の調和法には、開戦と終戦は政治家が主導し、戦争開始から敵撃滅までは軍人が担う方式がある。軍人と政治家の役割を区分し、交戦中の作戦に関して軍人のフリーハンドを認める考えは、ドイツのモルトケやアメリカのマッカーサー（Douglas MacArthur）といった軍人が体現した（郷田豊ほか『〈戦争論〉の読み方』一〇五・一〇六・一一六・一一七頁）。

他方で、開戦から終戦・講和まで一貫して政治家が主導する考えがあった。クラウゼヴィッツ（Carl von Clausewitz）が言うように戦争が手段を異にする政治の延長であるならば、政治的配慮に影響されない軍事行動は存在せず、最高の政治指導者は政治的目的を実現するため個々の戦闘と会戦を掌握し全力をもって戦争を利用する。リンカーン（Abraham Lincoln）、ビスマルク（Otto von Bismarck）やチャーチル（Winston S. Churchill）は、政治的観点から軍事作戦行動のあらゆる局面に介入できると考え、軍事計画を純粋に軍事的判断に委ねはしなかった（コーエン『戦争と政治とリーダーシップ』七一・一四九頁、アイク『ビスマルク伝』第五巻、二一九頁）。

日本における政略と戦略の関係論

日清戦争当時は、開戦を契機にして外交（政治）から軍事に切り替わると多くの論者が捉えていたようである（竹越与三郎『支那論』一一五・一一六頁）。これは、陸軍がモルトケ流の考え方を導入したことも一因であろうし、陸軍大学校の教育にも見られた。戦略は政略の延長であることを認めながらも、いったん戦略の範囲に入れば決して政略の掣肘《せいちゅう》を容れるべきではない、政略上の関係から首将の統帥を拘束し作戦上の不利を招いた実例は古来から少なくないと作戦への政治介入を排除する必要が強調される（上法快男編『陸軍大学校』一八九・一九〇頁）。それを正当化したのが、南北朝時代の故事であった。湊川の戦いで朝廷が作戦に介入し楠木正成《くすのきまさしげ》の進言を排して敗北したことは、兵を知らぬ政治家の作戦干渉の悪例として後世に伝わった。

伊藤総理は戦術などの純軍事的問題には介入しなかったが、開戦と終戦に臨んで政略主導を確保するために軍事問題に関与している。日清戦争前に戦争指導体制がどのように構想されていたのかを見ておこう。

一八九一年（明治二四）一〇月段階の大本営構成案（「戦時編成書草案」第二篇大本営）は、武官部（侍従武官・軍事内局・大本営幕僚・陸軍大臣・海軍大臣など）と文官部（宮内省官吏・内閣総理大臣）から成っていた。内閣総理大臣には「高等外交官一名、内閣書記官長」他が従属する。大本営が東京にあって長期間他所へ移動することがなければ文官部は設置しないとされている（「樺山資紀文書」第二期、三三三）。

軍と政府（内閣総理大臣）は密接な協力関係を保持しながら戦争指導を行う制度設計案があったわけである。天皇の大本営で、統帥部の参謀総長・陸軍上席参謀・海軍上席参謀、そして政府の内閣総理大臣・外務大臣（高等外交官）・陸軍大臣・海軍大臣を中核的構成員として戦争指導を行う体制に近い。

ところが、参謀総長から大山陸相に内議（一八九三年二月七日付）された「戦時大本営編制」では、大本営員は武官部と文官部をもって組織する、ただし文官部の人員は臨時規定する、と変化している（「密大日記」明治二七年）。この編制案は、海軍の修正（一八九四年五月一六日）によって戦時大本営から文官部と陸軍大臣および海軍大臣が削除された。これに対して、参謀本部は陸軍大臣を大本営構成員とする必要を強調し譲らなかった。

六月二日、朝鮮出兵の閣議決定が行われ、四日には陸海軍の首脳が集まり出兵手続きを協議した。朝鮮併合を意図して出兵した清軍が日本軍を攻撃することが予想された。戦闘が生じれば、参謀総長が命令案を上奏し裁可を経て陸海軍大臣が奉行する平時の手続きでは時間を浪費してしまう。そこで、参謀総長有栖川宮熾仁親王を臨時の特別総裁に任じて陸海軍を指揮させる提案がなされた。この方式に海軍は同意せず、西郷海軍大臣が大本営設置を主張し急遽大本営編制をまとめることになった。海軍は従来どおり大本営編制に海軍大臣を含めないことを主張した。ところが、六月五日、参謀総長が大本営編制案を上奏する直前に海軍は陸軍との権限の釣り合いを図るために海軍大臣を加えるよう求めた（『大本営』二五・二六・九三頁）。

「文官部」は削除されたまま復活することはなかった。このため、政府と統帥部が一体となって戦争指導を行うという本来の趣旨が曖昧になり、戦時大本営の役割が陸軍と海軍の作戦を統合・調整するものに限定されてしまうかもしれなかった。開戦後、政略と戦略の統合を図る戦争指導体制をどのように創り上げてゆくかという課題が残された。

伊藤総理の戦争指導と天皇

国務（政略）と統帥（戦略）を統合する制度は存在しなかった。この制度的欠落を補うものが明治天皇によってもたらされた。戦時に移行する時期を捉えて、天皇は伊藤に対して七月二七日以降の大本営御前会議に参列することを命じた。その際、伊藤総理大臣は大本営会議で財政や外交政略を始めとして軍事作戦も知悉できる地位と広汎な発言権を求めた。天皇も伊藤に対してさまざまな事柄を下問した。野津と樺山の大将昇任の是非や大本営軍事内局長人事、軍隊派遣（第三師団）や新たな軍編成、海軍の艦隊編制と人事についても下問を行っている。また、伊藤総理の心得のために情報を伝えることもあった（『伊藤博文関係文書』第六巻、二二二・二二二

図20　伊藤博文

三・二二五・二二六頁）。

八月三〇日には、伊藤総理大臣と熾仁参謀総長、山県第一軍司令官、西郷海相、大山陸相、樺山海軍軍令部長、川上参謀本部次長ら陸海軍指導者に五条の上諭《じょうゆ》が下された。上諭は戦時における国家の大きな謀《はかりごと》は文官と武官が互いに和して細かに行き届いた相談をするよう求めた（第一条）。また、戦争では第三国が往々にして干渉してくるので国家全体の利害には外交と軍事が齟齬《そご》することなく戦争を終結させる謀に最も注意しなければならない（第五条）、と政略（政府）と戦略（統帥部）の協調の必要性を特に強調している（『明治天皇紀』第八巻、四九五・四九六頁）。

明治憲法第一一条統帥大権は軍令機関の、第一三条外交大権は国務大臣の輔弼《ほひつ》によって運営される。戦争という非常時には、天皇の下で総理大臣が大政の方向を指示して実質的に軍事と外交を統合する役割を担った。そして、大本営御前会議で総理大臣、外相、陸相、海相と参謀総長、陸軍上席参謀、海軍上席参謀といった政府と統帥部の最高指導者の協議と調整をうけて天皇は親裁し国家意志が決定された。伊藤博文が構想した天皇の権力行使の制度化（坂本一登『伊藤博文と明治国家の形成』）は、このような形で国務と統帥を統合する運用を通じてなされたのである。

情報

伊藤総理の戦争指導を可能にしたのは、他にも要因があった。戦争指導には対外情報の収集分析をはじめ講和に向けた国際環境の整備が不可欠であるが、この部分を担ったのが陸奥外相であった。そして、伊藤に外交や軍事に関する諸情報が集まる構造が存在した。

軍事情報で重要なものは、伊藤へも送られていたようである。大本営が広島に移動（九月一五日広島着）する途中、伊藤は病気になって名古屋で療養し遅れて広島に到着した（九月一九日）。川上は名古屋滞在中の伊藤に対して軍の勝報や戦闘詳報、朝鮮での状況に関する軍医報告などを送っている。また、児玉源太郎《こだまげんたろう》陸軍次官からは陸軍情報が伝えられている（『伊藤博文関係文書』第九巻、九八～一〇〇、一〇九・一一〇頁）。伊藤は、必要ならば川上を通じて大本営の各部に対して書類送付を催促することがあった（一八九五年一月二四日付川上操六宛伊藤博文書翰「池野忠吉所蔵文書」二）。

総理大臣に対する大本営や陸軍省の情報提供は、明治時代と昭和期では大きく違っている。昭和期の陸海軍は情報を総理大臣に上げる必要性を認めず、総理は政策決定に不可欠な軍事情報を入手できなかった。しかし、日清戦争では違った。外務省情報で重要なものは伊藤総理へ写しが送られる。そして、清や列国情報を伊藤が大本営陸軍上席参謀の川上に送っている（「山県伝記資料」二〇）。伊藤は、情報提供を通じて作戦を外交に協調させる必要を統帥部に意識させようとしたのだと思われる。

伊藤総理による国務と統帥の統合

一八九四年一一月二一日、日本軍は清北洋出師の軍事拠点旅順を陥落させた。これをうけて清の総理《そうり》衙門《がもん》はアメリカを介して朝鮮独立を確認し軍費を償還するという条件で講和を打診してきた。もっとも、光緒帝《こうしょてい》は、寒気が厳しくなる冬季は清軍が反転攻勢をかける好機であると考え、この時点での講和を望んでいなかったし（王芸生『日支外交六十年史』第二巻、三一八頁）、総理衙門も是が非でも講和を急ぐつもりはなかった。

講和打診をうけて陸奥宗光《むつむねみつ》外相は、戦争は転換期を迎えているという認識を示し、講和促進のための作戦行動をとるべきとして、伊藤に大本営と協議して海陸軍の運動を外交上の進行に符合させるよう求めている（『伊藤博文関係文書』第七巻、三一二頁）。

一二月四日、陸奥の提言をうける形で、伊藤は統帥部に対し直隷決戦が自己目的化することに釘を刺した。すなわち、直隷作戦を実行すれば、清国内で乱民が四方で蜂起し清朝が土崩瓦解するかもしれない。清が無政府状態に陥れば、列国が合同して干渉に乗り出すことは必至であるし、日本は講和交渉の相手を失ってしまう。伊藤はこのように論じて、直隷決戦と北京攻略という軍事的勝利は、講和条約を結び清朝にそれを履行させ戦争目的を達成するという政治的勝利と相反する事態を招くと指摘する。そして、今後の作戦は講和を促進するものでなければならないとして、直隷湾防禦のもう一つの海軍拠点たる威海衛を攻略して北洋艦隊の残存艦を撃破すること、日本国民に満足を与える講和条件を確保するために台湾作戦を進めるよう求めた。伊藤は文官として軍議に容喙《ようかい》するわけではないとしながら、現時点での作戦は戦争終結にかかわるものなので総理大臣として意見を示すのだと立場を明確にした（『伊藤博文文書』第一七巻、二三七～二四五頁）。伊藤の政治家としての責任感と自負が溢れている。

講和と伊藤総理の政戦両略一致論

政略は、作戦に目的を与え、その範囲と限度等を指示し、作戦の成果を活用する。統帥部の役割は、国家の政策によって目的・範囲・限度等を与えられた作戦計画の実行である。日露戦争における政略と戦略との関係では政略の主導性が認められるが、その原型は日清戦争における伊藤総理の戦争指導によるところが多いと考えられる。

清の講和使節来日予定をうけて日本側の講和条約案を決定する必要が生じ、天皇臨席の大本営御前会議が一月二七日に開かれた。会議は三時間あまり続いた。侍従武官も会議室外で待機させられ立ち入りが認められない重要会議であった（侍従武官「日清戦争陣中日誌」)。小松宮参謀総長、山県陸軍大将(監軍)、樺山海軍中将(大本営海軍上席参謀)、川上陸軍中将(大本営陸軍上席参謀)、西郷海相兼陸相、陸奥外相を前にして伊藤総理大臣は、戦争を終結させるには、慎重に検討し適切な時期を判断し障害を予防することが求められると演説した。そして、時局に責任を負う政府の大臣が講和方針案を立て、大本営で軍略の議にあずかる者が同意して成案が成り、天皇が判断を下して最終的に方針が確定する。総理大臣を中心とする内閣がその実行にあたるので、陸海軍の軍人は他日講和に関して少しも異議を挟んではならないと厳に戒めた(『伊藤博文文書』一八巻、七〜一七頁)。

伊藤総理大臣は陸相・海相・外相の各大臣とともに内閣として講和条約案(遼東半島・台湾・澎湖列島割譲と賠償金〈金額未定〉を骨格とする)について連帯責任を負うとともに統帥部(参謀総長、陸軍上席参謀、海軍上席参謀)に対しても内閣を支援し責任を共有することを求めたわけである。こうして伊藤と陸奥が全権弁理大臣として清国全権と交渉するよう大命をうける(一月三一日)。

講和交渉　一二月二〇日、清は米公使経由で講和全権委員を通知してきた。日本側は事前にアメリカを通じて最高の地位を有する全権委員を任命するよう求めていたが、任命されたのは張蔭桓《ちょういんかん》(総理衙門大臣・戸部左侍郎)と邵友濂《しょうゆうれん》(湖南巡撫《じゅんぶ》)であった。両名を全権委員に任じることは講和への本気度を疑わせるものであった。彼らの役職は日本で言えば次官や県知事に相当するかそれより少し上位の地位でしかなく、清国人に対し講和交渉が最重要事項であるという事を印象づけることができない。講和条約は履行されて意味を持つものであるが、両名では条約実行を担保する名望や実力を欠く。ましてや、邵は台湾巡部の時、償金をかけて日本人一般を殺害するように仕向けた人物であり、こうした者を全権委員に任命することは不適切であった。

これに加えて、西洋列国の助言や勧告を無視して清政府は両名に全権委任状を与えなかった。総署大臣は、条約締結のため清が相手国に全権委員を派遣した前例はなく、そうしたことは中華の威信を傷つけるとし、日本が上海《シャンハイ》に全権を派遣すればよいと考えていた（田保橋潔『日清戦役外交史の研究』四〇六～四一一頁）。

清国内では、朝鮮は清の「藩属国」であり続ける事、領土割譲や償金支払いには応じないことが講和条件として主張されていた（佐藤三郎『中国人の見た明治日本』二二五・二二六頁）。敗北を喫した清が日本に和を乞うのではなく、清が主張する条件を日本が受け容れれば和議を許してやるという態度である。

全権を有しない清使節は一月三一日に広島に到着したが、講和交渉の席に着くことができずに帰国する。

李鴻章襲撃と休戦協定

二月一八日、李鴻章が講和交渉の全権に任命されたことが日本に通知された。しかし三月上旬を過ぎようとしても李が出発する模様は見えなかった。講和交渉を促進するため速やかに軍事作戦を直隷平原で開始することが必要と考えた山県は、三月中に大本営を敵地に進めることを希望した（一八九五年三月九日、田中光顕宛山県有朋書翰「田中光顕関係文書紹介」四）。これに対し海軍は、李鴻章が来日しようとする時に征清総督が出発すれば諸外国から講和の意志がないと見られることを危ぶんだ（『伊藤博文関係文書』第八巻、一九三頁）。

李の下関到着は三月一九日、第一回会合は三月二〇日であった。国内事情で案じられたのが、李全権を襲撃して講和交渉を妨害することであった。不幸にもこの懸念は的中し、李鴻章は銃撃された（三月二四日）。幸い李は一命を取り留めたが、この事件はロシア皇太子襲撃の記憶を呼び起こし、西洋文明を装う野蛮な日本という非難が湧き起こった。

襲撃がもたらす最悪の事態は、李が直ちに帰国し清が列国に干渉を求め、列国が日本に圧力をかけてくることであった。これを回避するには、清使節と交渉を継続することが必要だった。伊藤は休戦条件を全部棄て無条件休戦にして清側に交渉継続を働きかけようとした（『伊藤博文文書』一九巻、六八・六九頁）。

当初の休戦条件は、日本軍が大沽・天津・山海関などを占領し駐在清軍の軍器軍需品を押収し、天津～山海関鉄道を管理することなどを含んでいた。何時でも北京攻撃を開始できる状態にしておこうとする過酷な条件であった。

川上は樺山軍令部長や西郷海相など他の閣僚とともに無条件休戦案に反対したが（『陸軍大将川上操六』一五二頁）、伊藤は反対意見を押し切り休戦を成立させた。講和を誠実に望んでいるという日本政府の立場を明らかにしたのであった。三月三〇日に二一日間（三週間、四月二〇日まで）の休戦協定が成立した。地理的範囲は奉天・直隷・山東の三省で、台湾・澎湖島は除かれることになる。

図21　李　鴻章

講和交渉に利用される総督府出発

伊藤総理は大総督の出発を和平交渉での交渉材料として使おうとした。兵力の大連湾集中は継続しながら大総督の出発を延ばし、「今が肝腎の時なり」という機会を捉えて清に向け出発する方が効果的であると考えたのである（一八九五年三月二七日付川上操六宛伊藤博文書翰「山県伝記資料」二二〇）。

清朝が崩壊すれば、軍事的勝利を講和という形で結実させることができず、勝利は水泡に帰す。吉林・河南・広東・甘粛各省で内乱が生じていた事が戦後になってわかった。もし、日本軍が北京を陥落させたら内乱があちらこちらで起こり手がつけられなくなっていたかもしれなかった（神尾中佐報告・津報第四号、千代田四二一）。

近衛と第四師団の戦闘部隊は四月九日から一三日にかけて逐次宇品港を出発する。四月一〇日、第四回交渉で清側対案に対し日本側修正案が提示された。伊藤は、李鴻章に対して四日以内に清政府の最終確答を示すよう迫り、四月一三日には日本側修正案は最終的であり最早討議を許す段階ではないことを通告した。

川上、樺山をはじめ五六〇余名の人員と一五〇頭余の馬匹から成る総督府を率いて小《こ》松宮彰仁《まつのみやあきひと》親王が広島を出発したのが四月一三日夕方であり、下関に寄港しそこを出帆するのが四月一四日朝であった。この日は、日本修正案に対する回答期限（午後四時）であった。大総督の乗船が出港する際のにぎやかな軍楽や、盛んに放たれる礼砲の響が李鴻章にも聞こえたであろう。講和条件を呑ませるための日本側の演出であった。本国政府からの訓令が遅れたことで回答期限を一日延ばすことを許された李は、一五日の第五回会合で交渉がまとまらなければ戦闘が再開され北京陥落となるかもしれないとして講和条約に調印すると本国政府に電報している（『明治天皇紀』八巻、七六五頁、戴逸ほか『日清戦争と東アジアの政治』一九六頁)。伊藤のねらいは当たった。

合意された講和条約は、清が朝鮮独立を認め、遼東半島・台湾・澎湖島を割譲し、償金二億テール(日本円で約三億円)、新たな通商権益を認めるといった内容であった。講和条

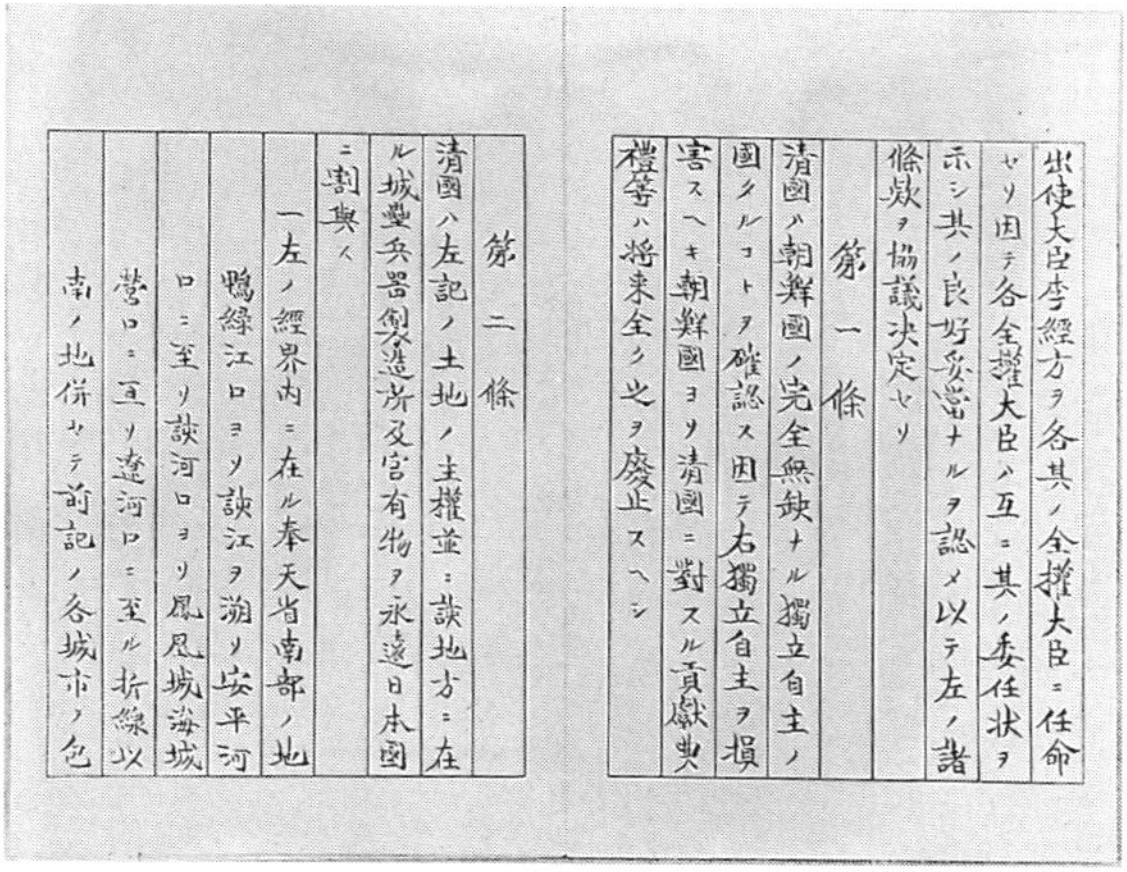
出使大臣李經方ヲ各其ノ全權大臣ニ任命
セリ因テ各全權大臣ハ互ニ其ノ委任狀ヲ
示シ其ノ良好妥當ナルヲ認メ以テ左ノ諸
條欵ヲ協議決定セリ
第一條
清國ハ朝鮮國ノ完全無缺ナル獨立自主ノ
國タルコトヲ確認ス因テ右獨立自主ヲ損
害スヘキ朝鮮國ヨリ清國ニ對スル貢獻典
禮等ハ將來全ク之ヲ廢止スヘシ
第二條
清國ハ左記ノ土地ノ主權並ニ該地方ニ在
ル城壘兵器製造所及官有物ヲ永遠日本國
ニ割與ス
一　左ノ經界内ニ在ル奉天省南部ノ地
鴨綠江口ヨリ該江ヲ溯リ安平河
口ニ至リ該河口ヨリ鳳凰城海城
營口ニ亘リ遼河口ニ至ル折線以
南ノ地併セテ前記ノ各城市ノ包

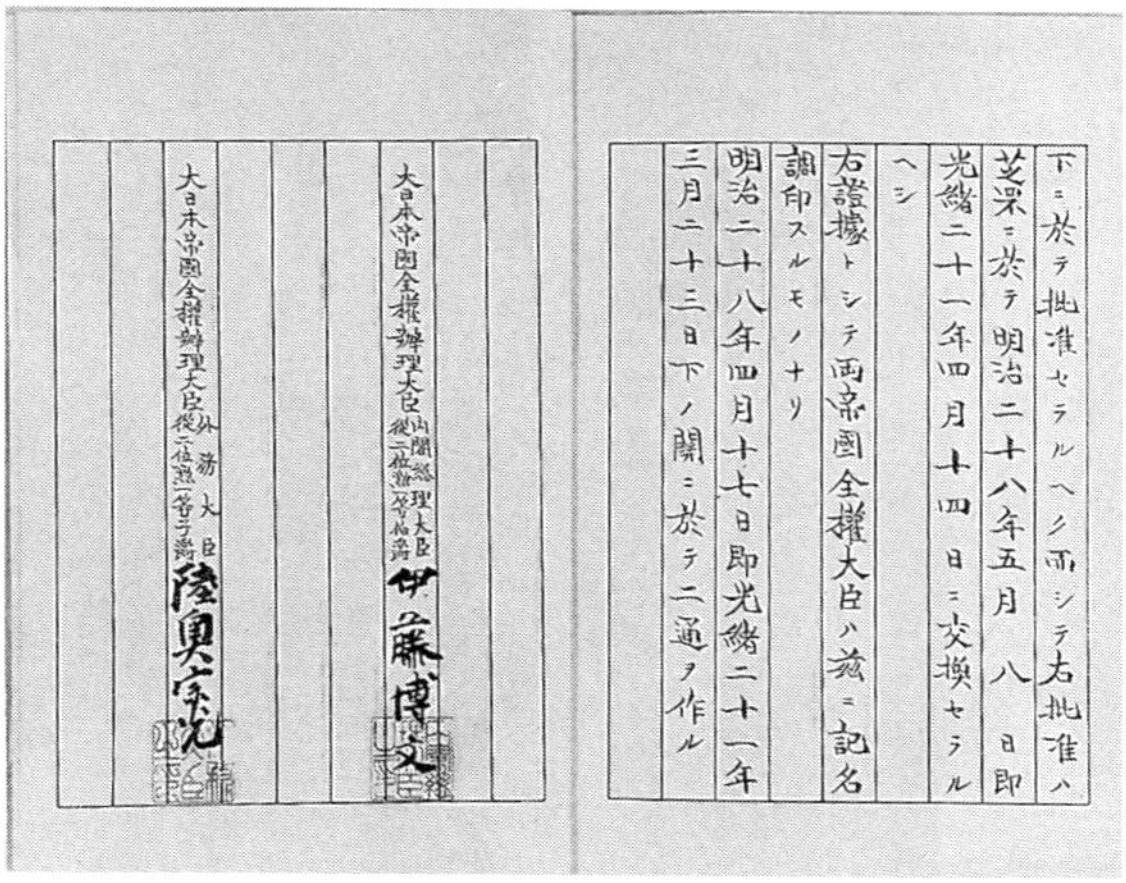
下ニ於テ批准セラルヘク而シテ右批准ハ
芝罘ニ於テ明治二十八年五月八日即
光緒二十一年四月十四日ニ交換セラル
ヘシ
右證據トシテ兩帝國全權大臣ハ茲ニ記名
調印スルモノナリ
明治二十八年四月十七日即光緒二十一年
三月二十三日下ノ關ニ於テ二通ヲ作ル
大日本帝國全權辦理大臣 内閣總理大臣 從二位勳一等伯爵 伊藤博文
大日本帝國全權辦理大臣 外務大臣 從二位勳一等子爵 陸奥宗光

図22　日清講和条約(外務省外交史料館所蔵)

約調印は四月一七日、批准交換は五月八日である。

三国干渉

四月二三日、ロシア・ドイツ・フランス三国の駐日代表が、遼東半島割譲は清の首都北京の安全を危うくし朝鮮独立を有名無実化するとして割譲に異議を唱え、半島返還を勧告した。

ロシア極東の軍事力は日清戦争前よりも強化されていた。ロシア太平洋艦隊はニコライ一世（戦艦八四〇〇トン）、アドミラル・ナヒモフ（装甲巡洋艦七八〇〇トン）など日本海軍が保有していない大型艦を含む軍艦九隻と水雷艇五隻を擁するまでに増強された。太平洋海域でのロシアの海軍力増強は、日本の朝鮮併合を牽制し、朝鮮海峡の自由航行のため朝鮮の巨済島を占領したり、渤海湾をロシアの勢力範囲にするための準備であった（佐々木揚編訳『一九世紀末におけるロシアと中国』四五・四六・五二頁）。

ロシア軍艦は船体をねずみ色に塗り替え、石炭や飲料水などを積み込み戦闘準備を整えていた。ウラジオストクは臨戦地宣言とともに戒厳令が敷かれた。沿海州駐留兵は一万余であったが、黒龍江《こくりゅうこう》地方には戦闘準備命令が下り、極東方面への支援のため、イルクーツク、トムスク軍管区では一一万の兵力動員が行われた。武力行使となれば、艦隊をもって日本の港湾を砲撃し、日本と大陸の海上交通路を遮断するつもりであった。

日本は、陸海軍主力を出征させており内地の軍備はほとんど空であった。兵士は疲労し軍需は欠乏し、ロシア一国を相手にしても対抗できる軍事力はなかった。勧告を拒否すれば戦争を覚悟しなければならない。

五月二日夜、旅順で川上は大総督府幹部の寺内正毅《てらうちまさたけ》少将（運輸通信長官）・野田豁通《のだひろみち》（野戦監督部長官）・土屋光春《つちやみつはる》大佐（陸軍参謀）らとともに、政府の遼東半島返還方針を伝える電報に接した。誰も声を発せず涙眼で顔を見合わせた。この場で川上は意見を述べたとされるが具体的内容はわからない（石黒忠悳『懐旧九十年』三三三頁）。

川上が、「今、吾々が血を流して取った遼東半島を、むざ〳〵支那に返すのは実に残念ではあるが……如何に口惜しくても列国の形勢が之を許さない」と述べたとも伝わっている（『偕行社記事』七四七号）。おそらく、川上の心中はこうしたものであったろう。五月五日、日本政府は三国に対して遼東半島占領放棄を約束すると回答した。

清との戦争は終り、総督以下川上や参謀たちも旅順を出港し帰国の途に就いた。四月二二日に京都の大本営に到った川上らが天皇に従い東京に帰ったのは五月三〇日のことであった。

東アジアにおける戦争観の相剋

戦争のルール

中国の伝統的な戦いの流儀

古代中国では、「戦争」は諸夏の諸邦間で行われるものであり、そこには一定の決まり事が存在した。しかし、「中華」諸国と「夷狄《いてき》」との間には共通の相互的規範秩序はなく、中華諸国は四夷に対して思うがままに攻撃を加えてかまわなかった（入江啓四郎『中国古典と国際法』二〇・二四頁）。

アヘン戦争で清は、文化的に劣った「夷狄」（イギリス）に懲罰を与えると宣戦布告文で示し、敵の手足を切り取り体を切り刻む古代からの極刑と同様の残虐行為を行った（三石善吉『中国、一九〇〇年』二二・二三・一七〇・二一九頁）。他方、イギリス軍も掠奪・強姦・墓あばきを行うなど暴虐さでは変わらなかった。双方ルールなき戦闘となった。また、第二次アヘン戦争（アロー戦争）で英仏軍は北京侵入時（一八六〇年）に悪名高い凄まじい掠奪を行った。

清末のうち続く内戦では、一般住民を含む多数の人間が老若男女を問わず容赦なく殺戮されることが繰り返され、官軍も反乱軍も残酷な懲罰を与えあった。身体を馬に引かせて裂く、火あぶりにする、肉を削ぐ、骨を折る、毒蛇を鼻に入れる、陰茎を切る、舌を抜く、目玉をえぐり出す、といった具合である。一八五〇年代から七〇年代までの内乱で数千万人もの死者が出たと推計されている（小林一美『清朝末期の戦乱』二〇〇・二〇一・二二〇・二四六・二四七頁）。

中国では、二〇世紀になっても辛亥《しんがい》革命期、軍閥割拠期、国民党と共産党の内戦期で大量殺戮と掠奪が常態化し、近代戦争法規が規定するような規則・人道性・道徳性も遵守しない戦闘様式が伝統となる。

日本での戦闘の流儀

戊辰《ぼしん》戦争から西南戦争まで（一八六八〜七七年）の内乱死傷者数はアメリカの南北戦争（一八六一〜六四年）やパリ内乱（一八七一年）と比べれば桁違いに少なかった（多くとも三万人前後とされる）。しかし、戦闘の流儀に関していえば欧米でのそれと共通するものが少なからずあった。

戊辰戦争では、官軍側の薩長将兵と会津側を問わず、無慈悲な戦い方をした。敵兵の首級をさらし、捕虜の耳や鼻を切ったり胸を裂いてなぶり殺しにしたり、負傷者を救護せずに殺し、負傷者を治療した医師をさらし首にし、捕えられた人夫も殺害したという。そして、強姦や掠奪、民家などへの放火、さらには人肉食が行われている（星亮一『会津戦争全史』九六・一〇八・一八〇・一八一頁。保谷徹『戊辰戦争』七五、二二〇・二二一・二二四・二二五頁）。

戊辰戦争での兵士と民衆

幕末の戦争ではルール違反には厳しい態度が示されることもあった。幕府軍が長州藩を攻めた時、無罪の民家に放火し敵が存在しない村落に発砲したことは軍にあるまじき軽挙暴撃の行いであると強く非難され、これを行った側は規律を失い粗暴な事件を起こし悔悟に堪えず恥じ入っておりますと謝罪した事例もある（三宅紹宣『幕長戦争』六八・九一頁）。

この謝罪は兵士と一般民衆を区分する感覚が存在したことを示している。それは戦争見物にもあらわれている。戊辰戦争では恐いもの見たさに民衆が戦争見物に押し寄せている。女性はめかしこんで見物にやってきた。弾丸が間近で飛び交う戦場をものともせず見物する者もいたし、斬り合いの見物は至極面白かったという（眞下菊五郎『明治戊辰梁田戦蹟史』一〇二・四三七頁）。

戦争は国家の問題であり一般民衆はできるだけ戦争から締め出されるべきである。兵士は国家によってのみ戦争に従事する許可を与えられた人であり、軍服を着用し公然と武器を持ち指揮官の命令に従う存在である。市民（一般民衆）は兵士同士の戦いに手出しをしてはならず、そのルールを破った者はその結果について自分で責任を負わなければならない。このような内容から成るヨーロッパの交戦者資格をめぐる戦争法規は、日本の伝統的思考と合致する側面があった。これによって徴兵制の下で統一的軍隊をつくった日本が西洋の戦争法規を受容しやすくなったと考えられる。

日本の戦時国際法受容

一八八〇年九月の国際法学会が採択した「戦争の法規慣例」オクスフォード提要は「戦争は交戦国の軍隊の間にのみ」で行うものであり交戦国の軍隊に属しない者は戦闘を行ってはならない（第一条）と規定している（藤田久一『国際人道法』一六・二二・二三頁。原敬訳註『陸戦公法』緒言一、一頁）。

日清戦争で日本は、戦闘員と非戦闘員あるいは軍人と一般国民との区別を行う。開戦詔勅（一八九四年八月一日）は、清軍との交戦に従事する資格を国軍に限定し国際法に悖《もと》らない限りあらゆる手段を尽すよう求めている。

軍では、山県有朋《やまがたありとも》第一軍司令官が、今日の戦は国と国との戦いで我軍が敵とするのは清国の軍隊だけであり庶民は問題にしないと訓示した。「万国公法」は人民の家屋を焼棄し財物を奪ったりし婦女を辱めたりすることを禁じており「文明国軍隊」ならば決してしないものである。たとえ敵兵が公法の規則に反する行為をしても、日本軍の将兵は決して敵軍の戦時国際法違反行為に対して同様の違反行為を以てしてはならないというのである（『日清戦史』第二巻、付録二九）。近代戦時国際法は、伝統的な戦争様式に比べて、戦争の災禍を軽減しよりましな戦争のあり方を追求するものであった。

兵士でない一般国民は義勇軍を組織して徒《いたずら》に戦闘に従事しようとしてはならないと諭《さと》され、各自の仕事に従事するよう天皇から求められた。戦争（戦闘）を国軍同士に限定する日本政府の考えが浸透した結果、戦争に対する冷めた感覚も形成された。当時、東京法学院の学生であった長谷川如是閑《はせがわにょぜかん》は、戦争に対して深い関心を持っていたような覚えはまったくなく、相当の社会経験を積んだ人々との日常の雑談でも戦争を話題にすることがなかったという（長谷川如是閑『ある心の自叙伝』一二三頁）。

清の戦争と民衆動員

日本での考えと清のそれとは随分違った。アヘン戦争以降、清はうち続く対外戦争で、民衆を動員してゲリラ戦に従事させる「以民制夷《たみをもっていをせいす》」戦闘様式を見せた（三石善吉『中国、一九〇〇年』二七頁）。地域住民に対し、敵が飲料水を得られないよう毒薬を泉に放り込ませ、毒物を混入した食物で敵兵を殺害することを奨励し、敵将兵を生け捕ったり西洋人の女・子どもを殺害した者にも報酬を与えるといった戦い方である。

日清戦争でも清はそうした戦闘流儀を踏襲した。直隷提督葉志超《ようしちょう》は、日本軍の大砲一門の分捕りで銀一〇〇〇両、小銃一丁で一二両、「賊」(日本軍将兵)の首級に三〇両、生け捕りで六〇両の報奨金を出すことを指揮下の部隊に伝えた。この布告は他の清将官が率いる部隊に拡散され、総督・巡撫《じゅんぶ》などの地方高官も一般民衆に対して報償を約束して戦意をかき立てようとした。大山巌《おおやまいわお》司令官の首には一〇万元の懸賞がかけられた。日本軍将校は軍服に勲章をつけて戦闘を行っていたので、清兵は勲章を見て将校を狙撃しようと群がった。

清軍の残虐行為

日清戦争で光緒帝《こうしょてい》は日本軍を「賊」扱いする勅諭を下していた(千代田九六八)。清側には交戦する日本兵に対する最低限の敬意が欠けていた。平壌《へいじょう》では、日本人捕虜に対して牛同様に鼻に穴を開け紐を通し市中を数日間引き回してずたずたに斬殺した。土城子の戦いでは日本軍将兵の首級を取り、顔面の皮膚を剝ぎ、両腕を切断し、重傷者を殺し、陰部を剔抉《てっけつ》し、腹部をめった刺しにし、軍服・軍靴・兵器を奪い、死者が誰かも識別できないようにして遺体を路上に放置した。旅順《りょじゅん》では日本兵の首をさらしたり、家屋の中にも首を隠していた(長岡外史『新日本の鹿島立』二五九・二六〇頁、有賀長雄『日清戦役国際法論』一〇六頁、川崎三郎『日清戦争』巻四、七六頁)。

こうした清の残虐な戦闘行為が日本人将兵をして復讐心を抱かせ、いわゆる旅順虐殺の背景となった。戦場で戦友の虐殺死を見た兵士が復讐心をたぎらせるのは通常の反応である。戦場でかかる事態に直面すればどこの国の軍隊でも報復を行ったであろう。
しかし、旅順での日本軍の行為を清兵の暴虐に対する復讐であると正当化すれば、清のような蛮兵と同じ水準に自らを貶めることになり日本の汚辱となるという批判の声があがった（一八九四年一二月一四日付伊東巳代治書翰「井上侯爵家所蔵文書」）。

日本と国際法の普遍化

相互性の原則に照らせば、清が戦時国際法の遵守を宣言しなかった以上、日本も清に対して戦時国際法を適用する必要はなく、旅順口事件に法的責任を負う必要もなかった。しかし、日本は、一方的に戦時国際法を実践し文明と仁義をあらわす事も戦時の目標の一つとした。戦時国際法・ジュネーブ条約（日本の条約加盟は一八八六年六月）を西洋近代のキリスト教圏の枠を越えて普遍化させる役割を担おうとしたのである（黒澤文貴『二つの「開国」と日本』五五頁）。

この意味で、日本は自ら設定した一段と高い道徳規準で己を律しなければならなくなる。旅順での殺戮報をうけた伊東巳代治《いとうみよじ》（内閣書記官長）は、虐殺報道を否定するか責任者の審問を行うか、川上に面会し善後策について問うている。川上は神尾光臣《かみおみつおみ》少佐（第二軍参謀）と相談の上、何らかの決定を行うとした（『伊藤博文関係文書』第二巻、二九九頁）。結局、戦争が継続中で処分の時機も逸したこともあり、将来同様のことが生じないよう第二軍首脳に注意を与えるにとどまったようである。

東学党と戦時国際法

軍用電信線破壊活動と日本の対策

戦争中、日本と満州・朝鮮を結ぶ電信線は一線しかなかった。満州から朝鮮の義州〜平壌〜漢城〜釜山を結ぶ陸上線が対馬を経由して海底ケーブルで長崎県に接続していた。この一本の電信線が、戦地の状況を本国に伝え本国から出先に命令を出す最速の伝達路であった。それは、時として数万の将兵あるいは国家の命脈にもかかわる重要性を持つ。軍用電信線は七月下旬に混成旅団が朝鮮政府に一方的通知をもって仁川《じんせん》〜漢城〜釜山間に架設し、日朝暫定合同条款（八月二〇日）で日本軍の軍用電線架設と管理を正当化していた。

参謀総長は第五師団長に対し、同盟国たる朝鮮政府には可能な限り穏和な姿勢で臨み、人民には日本軍の存在を歓迎する気持ちを失わせないようにする政府方針（一八九四年八月二〇日上奏裁可された内閣決議書）を示し、戦時では強硬な措置に流れやすくなることに注意を喚起し、慎重な行動をとるよう訓令した（一八九四年八月二九日付、「命令訓令」）。

朝鮮ではさまざまな形で電信線や兵站守備兵を襲撃するゲリラ戦が広汎な地域で行われた（朴宗根『日清戦争と朝鮮』一七七〜一八七頁）。戦闘員と非戦闘員の区別を不明確にするゲリラ戦は、朝鮮の政治文化に根ざしていた。朝鮮では、有事には自発的に組織される民兵（「義兵」）が政府の命令などをまたずに軍務に従事し、敵と対決して王朝の脆弱な軍事体制を補った（愼蒼宇「朝鮮半島の『内戦』と日本の植民地支配」）。

朝鮮政府に反乱を起した東学党《とうがくとう》は、日本軍に対する義兵として立ち現れた。東学党による電信線破壊活動は八月から見られた。漢城《かんじょう》〜釜山《ふざん》間の兵站《へいたん》路線では東学党がしばしば蜂起し、情況偵察に出かけた将校が殺害された（千代田七七）。兵站守備隊がそのつど鎮圧に向かうものの、守備兵は出没自在な東学党に振り回された。

兵站線の維持にあたる南部兵站監部は、東学党撃滅を図るために歩兵部隊を守備隊に増派する意見を川上に具申し（一〇月二一日）、大本営はこの要請を認め南部兵站監部直轄部隊として二個中隊を増派することにした。

東学党を武力鎮圧すれば朝鮮民衆の「感情を害」することが予想された。朝鮮民衆の感情と兵站線の安全を秤にかけて、前者よりも後者の「我軍全般の利益」が大きいと南部兵站監部は判断した（南部兵站監部「陣中日誌」一八九四年一〇月二二・二三・二五日条）。朝鮮公使として赴任した井上馨も東学党を「一刀両断」することに同意した。川上も同じであったと考えられる。

兵站線確保と朝鮮民衆の感情そして朝鮮独立尊重の三つを同時に満たすことができなくなった。日本政府は、日本軍が朝鮮政府の東学党鎮圧作戦に協力する形で兵站線の安全確保を図り、東学党の処分は朝鮮の官吏や兵隊に任せて朝鮮独立を尊重する姿勢を示そうとした。もっとも、出先は、機会があれば仮借なく厳しい作戦を遂行する意を有していた（南部兵站監部「陣中日誌」一八九四年一〇月二五日条）。

日本側がこうした方針を決めたのと同じ頃、東学党は大規模に集結し、電信線を切断し電柱を切り倒すなど破壊活動を繰り返し、一〇月二六日早朝には二〇〇〇人が安保兵站支部を襲撃した。安保には雇員と通訳合わせてわずかな人数しか配置されていなかった。応援の守備兵三八名でこれを防いだ（「戦況及情報」）。

電信不通が東学党の一連の破壊活動の結果であるという出先報告をうけて、川上はある命令を発する。釜山の今橋知勝《いまばしともかつ》少佐が、「川上兵站総監より電報あり、東学党に対する処置は厳烈なるを要す、向後悉《ことごと》く殺戮すべし」と南部兵站監部に対して報じている（南部兵站監部「陣中日誌」一八九四年一〇月二七日条）。この川上電の原文は今のところ確認されておらず、川上が「悉く殺戮」するよう命じたか否かは確認できない。

それはともかく、押収書類から東学党が安保以外の兵站部も襲撃目的にしていたことが明らかになり、現場の兵站部指揮官は東学党に対する処置は「厳酷」とならざるを得ないとして「報恩附近の賊を悉く殺戮」する決意を固めていった（南部兵站監部「陣中日誌」一八九四年一〇月二八日条）。

川上の命令は国際法に違反する無法な朝鮮民衆大殺戮・ジェノサイドであったとする主張がある（中塚明・井上勝生・朴孟洙『東学農民戦争と日本』八・六六・一〇五頁）。

東学党に戦闘員資格はあったか

日本側の東学党に対する行動は戦時国際法から見てどのように理解できるのであろうか。国際法違反、民衆大殺戮、ジェノサイドであったのか検討しておこう。

戦時国際法で戦闘員と非戦闘員を区別し戦闘行為を戦闘員間に限定する仕組みは、戦争の被害が無制限に拡大することを防ぐ大きな効果を有している。このため、戦闘員資格を有しない者が敵対行為に直接参加することは背信行為として戦争法上禁止され、捕虜としての地位も認められない。

東学党は交戦団体として承認されておらず、朝鮮政府との関係で国際法上の地位を有していない。日本と朝鮮との間では一八九四年八月二六日に大日本大朝鮮両国盟約が結ばれている。この攻守同盟によって朝鮮政府は同盟国たる日本軍を支援する関係に立つことになった。朝鮮政府の主権下にある人民が同盟国の軍事施設（軍用電線）に対して行う破壊活動は、私人による同盟国への敵対行為となる。

政府の委任によらずして自国で外国軍に対して武力を行使した者は、自国からは国安妨害の罪に問われ外国からは犯罪者として扱われる。一私人、一私党が「政府の明許又は黙許なくして義兵を挙」げる場合も同様である。「私《わたくし》に武力を用いる者」は戦時公法の保護・捕虜待遇をうける資格がなく単に犯罪者として処分の対象となる（有賀長雄編『萬国戦時公法　陸戦条規』一〇・一一頁）。日清戦争当時の国際公法学の多数説はこのように考えていた。

日本と朝鮮が交戦中であると仮定した場合はどうであろうか。普仏《ふふつ》戦争でフランス領を占領したドイツは、仏軍所属軍人でなく、かつ外見上兵士としての資格を立証できない者が、電信線の破壊、軍需品倉庫や兵士宿舎への放火、独軍に対する武器使用等を行えば死刑に処すと公示した（信夫淳平『戦時国際法講義』第二巻、八七九・八八〇頁）。ドイツは、フランスの義勇兵（francs-tireurs）を不法で背信的なゲリラ兵として扱い、捕えた義勇兵を裁判なしに処刑し、ゲリラ兵が混在している町や村を焼き女性を含む民間人を即決処分に付している（有賀長雄編『萬国戦時公法　陸戦条規』一七一・一八八・一八九頁）。

占領地内における敵対行為者には交戦者たる特権を認むべき理由はなく、不逞《ふてい》の徒として戦律犯《せんりつはん》に問うこともできる（信夫淳平『戦時国際法講義』第二巻、七五頁）。日本軍による兵站線の設置はその地域がすでに占領された状態であることを意味する。

討伐と処分方法

東学党鎮圧作戦は、朝鮮兵に日本軍が協力する形で進められていった。東学党鎮圧行動に参加したのは、朝鮮の地方官と地方軍、郷吏や土豪の私兵である民堡軍、日本軍と朝鮮政府軍の連合兵力である。朝鮮兵は、各地で掠奪を行い（朴宗根『日清戦争と朝鮮』一九三・二一四頁）、「途中の民家村落等は韓兵悉く之に放火」する無軌道ぶりを発揮したので、同行の日本軍指揮官が朝鮮軍の司令官に厳しく忠告し、放火を禁止させ違反した者は斬罪に処すという命令を出させたこともあった。要所要所で作戦行動が一段落つくと、地方官庁所在地では官吏と住民が協力して東学党の残党を捕らえ処刑している（一八九五年一月一四日付、川上操六宛今橋少佐報告、千代田四四三）。東学党によって家屋を焼かれ家族離散の被害が広がるにつれて秩序回復を求める声も上がり、日本軍に対して天幕を張り小屋を設け酒肴を準備し荷物運搬に積極的に協力する地域も存在した（一八九四年一二月一七日、川上操六宛伊藤祐義中佐報告「戦況及情報」）。

日本軍は、捕えた朝鮮人を「東学党」「匪徒」などに区分し証拠をもとに臨時裁判所を開いて即決で処罰を下し、脅迫されて東学党に参加させられた者は処刑の対象外としている（姜孝叔「第二次東学農民戦争と日清戦争」）。捕えた東学党徒を殺害した例を挙げれば、脱獄を企てた者、日本兵殺害関与を自供した者、捕えられて説諭後に釈放され再び東学党に身を投じまた捕えられる事を繰り返した者などがある。捕えた有力指導者は漢城の日本公使館に引き渡された。その他の者は悪行《あくぎょう》を改めるよう言い聞かせて各道の地方長官（監司）に引き渡し、今後は決して官に背かないという誓約書を出させて釈放するよう指示したり（「南部兵站監部日誌」一八九四年一一月一九日・一二月一日条）、朝鮮法によって朝鮮側に処罰を委ねた。一部は日本軍が処刑した場合もあった。朝鮮側では基本的に裁判手続き抜きで東学党徒に復讐する事例が見られた（秦郁彦『旧日本陸海軍の生態学』七六・七七頁）。

東学党側の死傷者数については、史料的制約によって実数に迫ることは困難であるが、数万から数十万にわたる推計値が出されている。

東学党鎮圧は「ジェノサイド」なのか

ジェノサイド（「集団殺害」）とは、いわゆるジェノサイド条約で国民的・人種的・民族的または宗教的集団それ自体を全部あるいは一部破壊する意図をもって行われた行為を意味する。元来はユダヤ人虐殺など従来の犯罪概念に当てはまらないナチスの行為を国際法上の犯罪とすることを目的としたものである。その後、この言葉は非人道的行為を言い表す一般的用語と化した。

日本軍は朝鮮民族の抹殺を目論んではいないし、東学党という宗教的集団を破壊することをねらっていたわけでもない。東学党が日本軍の兵站線を襲撃したので東学党を攻撃したのであり、本来の意味でのジェノサイドとは無関係である。

ゲリラ戦と犠牲者

東学党側が多くの犠牲者を出した理由はいくつか考えられる。まず、彼我の組織の技量差である。鎮圧にあたった日本軍は現役兵よりも戦闘力が落ちる後備歩兵中隊であった。日本の後備兵に対してすら、東学党は組織・装備・訓練で大きく劣る。そのような多数の武装した民衆を戦闘に参加させれば犠牲は大きくなる。

次に、国王を虜にしている邪悪な侵入者（日本）を正しい側が排除するという義兵意識である。東学党の指導者全琫準は、東学党の軍は軍事的訓練を欠き武器は玩具《おもちゃ》のようなものだとして、軍事教育・訓練をうけて良い武器を有する日本兵に勝てるとは最初から信じていなかった。しかし、国王が辱められれば臣下は決死の覚悟で抵抗に立ち上がらなければならないのだと、民衆に蜂起を強制し彼等を死地に追い込んだ（趙景達「崔時亨と全琫準」）。

これは民衆を動員する時、超人的能力を備える指導者や呪術の威力などをもって侵略者との戦いを恐れないように仕向ける義兵文化（愼蒼宇「韓国軍人の抗日蜂起と『韓国併合』」）と一体であった。東学党では、呪文によって官軍の銃丸を阻止できる、砲弾が当たっても死なない、刀剣で斬りつけられても流血しないと信じられていた。戦闘は恐れるに足りないとする迷信は多くの人々の動員を可能にし士気を高めた。ところが、現実の戦闘では流血し死者が出る。無傷無死を信じた東学党は恐怖に駆られて大崩れし死者を増やしてゆく（菊池謙譲『近代朝鮮史』下、二三九〜二四〇頁）。

専門的知識技術経験を欠く者に率いられる兵は烏合の衆であり、紀律が維持できず訓練も行き届かない。武装した群衆は軍隊とはほど遠い存在である。それを知りながら群衆を戦いに追いやれば犠牲者が増えるのは当然である。合理的判断が通用しない熱狂的集団に対抗する側は、相手側の抵抗意思を挫くために情け容赦ない作戦を遂行する。この事はアメリカ南北戦争や普仏戦争でも見られたことである。

東学党犠牲者の多さは、日本の近代と朝鮮の前近代の伝統が衝突した結果もたらされたものであったといえるだろう。

日清戦後経営

戦後軍拡

論功行賞

陸軍では、中将で師団長、少将で旅団長あるいはそれと同等の役職にあった二〇人ほどに男爵の爵位が授けられた。川上《かわかみ》操六《そうろく》はそれよりも上位の子爵を授かった。桂《かつら》太郎《たろう》の場合は他の師団長並の男爵相当のところ明治維新時の功績とあわせて子爵になった。これは川上と桂の釣り合いを図るためであったとされる（徳富猪一郎『蘇翁夢物語』一一一頁）。

日清戦争での功労がどのように評価されたのかを爵位と勲章授与で見ておこう（表10）。軍功に対し授与される金鵄勲章《きんしくんしょう》（功一〜七級、一八九〇年〈明治二三〉創設）の初叙上限は功二級であり参謀総長小松宮彰仁親王《こまつのみやあきひとしんのう》も功二級（勲章は菊花章頸飾）である。

川上は、金鵄勲章では陸海軍大将に肩を並べ、爵位と勲章で山地《やまぢ》元治《もとはる》ら古参中将に追い

表10　日清戦争後の論功行賞

	爵　位	金鵄勲章	勲　　章
伊藤博文	伯爵→侯爵		大勲位菊花大綬章
山県有朋・西郷従道・大山巖	伯爵→侯爵	功２級	勲１等旭日桐花大綬章
黒田清隆・井上馨	伯爵		勲１等旭日桐花大授章
樺山資紀・野津道貫	子爵→伯爵	功２級	勲１等旭日大綬章
陸奥宗光	子爵→伯爵		勲１等旭日大綬章
川上操六・伊東祐亨	子爵（授）	功２級	勲１等旭日大綬章
山地元治・佐久間佐馬太	男爵→子爵	功３級	勲１等旭日大綬章
桂太郎	子爵（授）	功３級	勲１等瑞宝章
渡辺国武	子爵（授）		勲１等瑞宝章
西徳二郎・伊東巳代治	男爵（授）		勲１等瑞宝章
新任師団長	男爵（授）	功３級	勲２等旭日重光章
陸海軍次官・旅団長	男爵（授）	功３級	勲２等旭日重光章

（出典）　官報3631号（明治28年８月５日），3632号（同８月５日），3644号（同８月20日），3684号（同10月７日）．『明治天皇紀』８巻，870・871頁，880～882頁．『日清戦争実記』36編125・126頁，37編125・126頁，42編116頁より作成．

ついた。

伊藤系文武官の軍拡論

下関講和条約締結前に考案された軍備論に、児玉源太郎《こだまげんたろう》陸軍次官の陸軍拡張案がある（『児玉源太郎関係文書』二三五〜二三八頁）。本案は山県有朋《やまがたありとも》陸相の求めに応じて児玉が起案したものと考えられ、その概要は後日、新聞や雑誌に掲載された。

児玉案は、師団数を九個師団に増やし、師団を構成する歩兵を一連隊（三個大隊）減らし、火力を強化し、騎兵や工兵を拡充しようとしている（表11には一般師団九個分として記した）。児玉案は清の対日復讐戦に備え、戦場を直隷〜満州の平原に想定していた。児玉案で火力増強が図られた理由は、実戦経験によって現行の野戦砲兵連隊（三六門）の編制では、砲兵の威力が弱いことがわかったからであった。歩兵一〇〇〇人あたりの砲数が日本は独・仏軍の七割程でしかなかった。野戦砲兵連隊の拡充や徒歩砲兵隊の新設が主張された所以である（黒瀬義門第二軍砲兵部長意見書、編成三五二）。

これに対し山県案（『山県有朋意見書』二二八〜二四〇頁）は七個師団（近衛師団は一般師団より小規模）のままで、歩兵も砲兵も一・五倍に拡大し師団の兵力増強と規模拡大を図っている。歩兵と野戦砲兵で見れば既設三個師団分に相当する兵力量拡大となる。徒歩砲兵は機動性を考えて師団ではなく軍に配備し砲数も減じている（表11）。

表11　陸軍拡張案

	現行7師団	児玉案9師団	山県案7師団	参謀本部案14師団
歩兵	80大隊	81大隊	120大隊	168大隊
騎兵	21中隊	45中隊	27中隊	70中隊
野戦砲兵	40中隊	54中隊	60中隊	126中隊
工兵	20中隊	(不明)	20中隊	56中隊
輜重兵	14中隊	(不明)	(不明)	(不明)
徒歩砲兵	1軍に1連隊(臨時)	1師団に1大隊	1軍に1大隊	1軍に1連隊
備考	日清戦争時2個軍編成	3個軍編成	3個軍編成	3個軍編成

（出典）『伊藤博文文書』105巻，171～176頁．『児玉源太郎関係文書』235～238頁．『日清戦史』第1巻附録6の3，『山県有朋意見書』228～240頁，「弐大日記」より作成．

政府内には児玉案を推す考えがあった。伊《い》藤博文《とうひろぶみ》の幕僚の一人伊東巳代治《いとうみよじ》が影響力を有していた『東京日日新聞』は、諸紙が伝える師団兵を二倍にする「急激の拡張」ではなく、日本海・東シナ海で敵が根拠地と恃《たの》む軍港を攻略するため七個師団以上の野戦軍を派兵しながらも十分な国内防禦力も併せ持つ兵力量を陸軍拡張の目的にする考えを提示した。野戦軍は、攻城砲兵・騎兵・輜重《しちょう》兵の拡充に力点を置き歩兵も幾何かは増加させる。そして、国内要塞・軍港・要港の防禦施設を完成させるというのである（「帝国国防の標準」『東京日日新聞』一八九五年八月三一日）。

この考えは、日本海・東シナ海の制海権を掌握できるまでに海軍力を拡張する計画と一体であった。実戦経験から師団編制に改良を加え、一〇万人以上の野戦軍を投入し要塞攻略もできる戦力を整え、海外に広がった日本の権益保護を行う。軍備は「国権を防護」する最後の手段と位置づけられる。日本の将来像は、「自ら衛りて而も雄を日本支那両海面に称」し大陸沿岸にも一定の影響力を有する海洋帝国像であった。

以上のような八月三一日付社説が出た後、九月一二日の『東京日日新聞』には政府が決定した陸軍拡張の大綱が掲載された。

参謀本部の対露軍拡論

三国干渉によって遼東《りょうとう》半島還付のやむなきに至り、その恨みが深く心にしみこんだ宇都宮《うつのみや》太郎《たろう》大尉（参謀本部第二局員）がロシアを討つために立てた軍備拡張案（一八九五年六月）は一五個師団整備案であった（『宇都宮太郎日記』第一巻、六・九四頁）。ロシアを仮想敵とする軍備拡張案は、清の復讐戦に備えるものとはまったく違うものになった。

一八九五年七月五日、川上は軍備拡張について寺内正毅《てらうちまさたけ》第一局長に話し、寺内は第一局第二課の井口省吾《いぐちしょうご》中佐・東條英教《とうじょうひでのり》中佐らとともに軍備拡張案の協議を重ねてゆく。この過程で宇都宮案をもとにした第二局案も検討対象としている。七月二二日、参謀本部第一局では既設六個師団の改良と改良六個師団新設、近衛師団拡充、北海道兵備の師団化構想がまとまった。翌二三日、伊藤総理、松方正義《まつかたまさよし》蔵相、大山巌《おおやまいわお》陸相、西郷《さいごう》従道《じゅうどう》《つぐみち》海相、山県陸軍大将、川上参謀本部次長、児玉陸軍次官が総理大臣官邸で会議を開き、編制を拡大した師団一二個と近衛師団の拡充などを中心に一三八〇万円の陸軍拡張予算を承認した（斎藤聖二『日清戦争の軍事戦略』二二六〜二二八頁）。

「極秘　陸軍拡張の理由」（一八九五年八月三一日）と題される参謀本部案では、以下のように述べられている。シベリア鉄道全通時にロシアが極東に派遣できる兵力量は歩兵一三〇大隊（約一三万人）と騎兵・砲兵など合わせて一五〜一六万人、後方勤務を加えて二〇万人と見込まれる。ロシア軍野戦隊一六万人に対抗するには、日本は二〇万人余の野戦軍（一七万の派遣軍と四万の国内防禦軍）が必要となる。それには平時から一四個師団を有する事が不可欠である（ただし、経費の点から計画は一三個師団整備案とし北海道師団設置を猶予する）。シベリア鉄道は六年以内（一九〇一年）には全通すると予想されるので野戦軍は七年後までには整備しておく必要がある（「密大日記」明治二九年七〜一二月、『明治軍事史』下、一五一八・一五一九頁）。

一四個師団に徒歩砲兵隊、鉄道隊、沖縄警備隊、要塞砲兵隊、軍楽隊などの新設を図る九月案は軍備拡張予算額を超えてしまい、師団数や部隊編制規模が縮小され、一〇月に既設六師団の改良と新設師団五個、近衛の拡充で一二（北海道を含んで一三）個師団整備案となった（参謀本部第一局「極秘陸軍々備拡張案」、「明治廿七八年戦役日記」明治二八年九月）。

軍備をどう位置づけるか

八月案と九・一〇月案とでは、兵力量基準・軍備の位置づけ・作戦計画などに関して違いが見られる。八月案では、軍備は国権を皇張し国利を保護する最終的手段と位置づけられ、兵力量は国家財政と近隣諸国の兵力や政策など国際環境を考慮して決定される可変的なものと論じられる。日本が朝鮮半島に対する責任を全うしたり某国が清に迫って新たに土地を得ようとする野心を防遏《ぼうあつ》するなどの積極的政策はさておき、国土防禦だけを考えても東アジアの国際環境が大きく変わったので従来の兵力量では不足するのは明らかであるとする。そして、用兵の基本方針は従来の守勢防禦を止め攻勢防禦に転換すべきと主張する。攻めてくる敵を撃退するだけでなく敵領土に攻め込まない限り完全な勝利を収められないからである。攻勢をとれなければ戦費の賠償も要求できず、被害を補うための利権獲得もできない。また、守勢防禦は「国民をして戦争の惨禍に罹らしめ」ることになり、それでは軍の役割を果たしたとは言えないからである。

九・一〇月案は、軍備は「主権」つまり領土を拡張し国利を保護する「惟《ゆい》（唯）一《いつ》無二の手段」であると断言する。対外政策手段の多様性は切り捨てられ軍備が特別視された上に領土拡張と結びつけられている。

東アジアで日本は「東洋平和の担保者」でなければならず、それは他国が日本の国利国権を侵害しようとする非望を断念させることであり、そうした非望を抑圧できるだけの実力を備えることが必要であると主張する。八月案ではロシアの極東南下策にどのように対応するか断言していないが、九・一〇月案ではロシアの南下政策には軍事的に対抗することを明確にしている。

さらに用兵についても、「他の侵害を防遏せんと欲せば必ず進んで膺懲《ようちょう》せざる可からず」と攻撃は防禦の最良手段として攻勢防禦を採用している。自国民の戦争被害を回避する方法として攻勢作戦を取り入れた八月案と比べてみても、攻勢作戦がもたらす効果に強い期待をかけるものになっている。九・一〇月案は、日本が「進撃の実力」を持てば「他も亦妄りに侵害の非望を起さず」、結果として東洋の平和を維持することができるようになると結んでいる。軍事力中心の抑止論であった。

川上は、基本的考えとして宇都宮の一五師団論を容れたとされるので、参謀本部第二局の一三個師団論（含近衛師団）に同意していたことになる。これに対して、寺内第一局長や児玉陸軍次官などは過大であるとして反対したという（『宇都宮太郎日記』第一巻、九四・三七一頁）。また、川上亡き後のことであるが、参謀本部次長大迫尚敏《おおさこなおとし》は第七師団長に転出し後任に寺内正毅《てらうちまさたけ》が就く。参謀本部内では川上系と目される人々の多くは敬遠されたり左遷される。対露戦の実行を念頭に軍備拡張案を起案した宇都宮にとって、こうした変化は避戦主義者がはばを利かせ対露戦争を目的とした軍備拡張の大精神を危うくするものに他ならなかった（『宇都宮太郎日記』第一巻、七五頁）。

こうしてみると、参謀本部の軍備拡張理由書で兵力量の可変性や日本の安全と利益を確保する手段の多様性を示した八月案は寺内や児玉の考えを反映し、九・一〇月案の理由づけは宇都宮に見るような考えをより濃厚に反映したものと言えるかもしれない。川上は後者の考えを容れたことになる。

議会への説明

五個師団増設既設六個師団と近衛の拡充、第七師団の漸進的拡充などを内容とする軍備拡張案は第九議会に提出された。改進党は三個師団、国民協会と自由党は四個師団増設論を有し、貴族院では陸軍出身の有力議員が政府案を過大な軍拡として批判していた。軍拡案の議会通過は楽観できなかった。

陸軍拡張予算の議会通過を図るため、川上は革新党の平岡浩太郎《ひらおかこうたろう》に軍拡案に関する意見を求めた。革新党は改進党や大手倶楽部などと歩調を合わせて（これらの政党が合同して一八九六年三月一日に進歩党が結成される）三師団増設論を唱えていた。平岡は、革新党として川上の求める増師には賛成できないとしながらも、衆議院で最大の議席を占める自由党の領袖河野廣中《こうのひろなか》の賛同が得られれば衆院での法案通過も困難ではないと語った。この頃、伊藤内閣と自由党との間で提携協議が進められており、自由党側では河野や林有造《はやしゆうぞう》といった党幹部が中心となって動いていた。

川上は、自由党の四個師団増設論では不十分であり、参謀本部の専門的見地からは対露作戦上どうしても六個師団増設は不可欠である、師団を構成する兵力を倍に拡張するので、師団数を二倍にすれば日清戦争時の師団規模にすると二四個師団に相当すると河野廣中を説いた（『河野磐州伝』下巻、四一六〜四二八頁）。河野を通じて板垣退助《いたがきたいすけ》をはじめとする自由党幹部会で合意が形成され政府提出案を受け容れてゆく。

陸軍の予算案を議会で審議する時、軍拡にかかわる部分は秘密会とされ国民は軍備拡張内容の詳細を知ることができなかった。また、これまでは、陸軍定員令に具体的組織と人員馬匹数が公表されていたが、新たに「平時編制」を定め陸軍外に対して兵数と組織を秘密にするようになった（『明治軍事史』下、九九五・九九六頁）。

平和を維持する外交的手段を支えるものとして軍備を位置づけるならば、抑止効果のために兵力の総数くらいは公示しなければ意味がない。また、兵役に就き軍備にかかる費用を負担する国民に対して将来の対外政策と軍事に関するなにがしかの説明くらいはあって然るべきであったろう。陸軍は戦争に勝つために秘密を選んだことになる（斎藤聖二『日清戦争の軍事戦略』二三八〜二四〇頁）。

陸軍拡張は第九議会で、海軍拡張は第一期が第九議会で第二期拡張が第一〇議会で承認された。日本は海軍拡張によって日露戦争前までに一万五〇〇〇～一万二〇〇〇トン級の戦艦六隻と一万トン装甲巡洋艦六隻を中心とする新鋭艦を保有することになる。

軍備拡張評価

陸軍拡張は過大で海軍拡張費が圧迫されてしまったという不満が外交官には見られた。なかでも駐英公使加藤高明《かとうたかあき》は強い不満を表明した。加藤は、海軍力こそが西洋諸国の日本評価を決定づけるものなので軍備拡張は海主陸従であるべきとして、陸軍拡張計画を縮小し海軍拡張費増額に回すべきであると主張する（『大隈重信関係文書』第三巻、二六四頁）。

一八九五年段階で、ロシアが極東に派遣可能な艦艇は約一〇万トンと見積もられた（「情報綴」）。それが一八九七年末では戦艦八隻、巡洋艦（八〇〇〇トン以上）六隻を中心に三二隻約一五万トンに増える可能性があった。さらに、ロシアの海軍拡張政策によってシベリア鉄道完成予定の一九〇二年までに、約二三万トンの軍艦を極東に派遣することが見込まれた（海千代田八六）。

海軍拡張優先論者は、朝鮮問題でロシアの譲歩を引き出すために、ロシアの極東での軍事・交通の拠点であるウラジオストクを攻略する能力を示すことと極東水域での日本海軍の優位が必要であると考えたのである。

参謀本部の組織拡大

一八九六年（明治二九）五月九日改正の参謀本部条例で、二局一課制から四部・編纂部制に組織拡大がなされた（第七条）。将校同相当官定員は改正前の四九人から八一人（一〜四部、編纂部、公使館附の合計）へと六割増員となっている（「参謀本部歴史草案」明治二八〜二九年）。陸軍省は一六三人から二三二人へと四割増しとなり、監軍部は二一人が二三人へと微増であった（千代田五四二）。参謀本部が大幅に定員を増やした理由は、「大作戦を画策して之を指導」する大本営将校を増加させ、軍（三個軍を想定）編成時の幕僚と兵站監部要員、留守参謀本部要員などを確保するためであった。さらに公使館附武官と外国派遣将校を増加して外国情報を収集分析する必要性も増したからである（『明治軍事史』下、一〇〇一・一〇〇二頁）。表12は、参謀本部部員の一部を示したものである。

都督部

日本陸軍では日清戦争前から師団を戦略単位としていたが、戦後軍拡でもそれに変更は加えられなかった。二個師団から成る軍団を戦略単位とし二個軍団をもって一軍として運用する欧州列国の方式は、極東の地形には適さないと判断されたからである（参謀本部「陸軍拡張案の理由書」明治二九年四月修正、「密大日記」明治二九年所収）。

しかし、戦時に大本営が一〇個以上もの師団を直接統御することは困難なので、二〜四

表12　参謀本部人員配置表（明治29年7月1日）

副官部　　定員8
　大生定孝歩兵大佐（福井・49）　村田惇砲兵中佐（静岡・41）

第1部（作戦・要塞）　　定員11（部員8＋出仕3）
　伊地知幸介砲兵中佐（鹿・41）　青木宣純砲兵少佐（宮崎・37）
　福原信蔵工兵中佐（福岡・40）

第2部（動員・編制・戦時規則）　　定員11（部員8＋出仕3）
　土屋光春歩兵大佐（愛知・48）　岡市之助歩兵少佐（京都・36）
　井口省吾砲兵中佐（静岡・41）

第3部（情報）　　定員25（部員8＋出仕17）
　福島安正歩兵大佐（長野・42）　伊藤主一歩兵少佐（鹿・39）
　明石元二郎歩兵少佐（福岡・32）

第4部（運輸・通信）　　定員11（部員8＋出仕3）
　上原勇作工兵中佐（宮崎・37）　長岡外史歩兵中佐（山口・38）
　大澤界雄輜重兵少佐（愛知・36）

編纂部（戦史・兵要地誌・外国書翻訳）　　定員5（部員5）
　東條英教歩兵中佐（岩手・40）　倉辻明俊工兵少佐（愛媛・42）

出仕（25人）
　津川謙光歩兵少佐（鳥取・35）　黒澤源三郎歩兵少佐（宮城・33）

参謀本部附
　寺内正毅少将（山口・44）　水野勝毅歩兵大佐（三重・45）

（出典）「陸軍現役将校同相当官実役停年名簿」（明治29年7月1日調），「参謀本部職員一覧表原稿」（明治14—29年）より作成.
（注）（　）内は出身地と年齢.

個師団を統轄する中間司令部が必要となる。日清戦争で戦時特設された軍司令部は非効率的であった。にわかづくりのため司令部と部下部隊との関係は親密さを欠き、軍司令官も大兵を指揮する訓練と経験を欠いていた。そこで、参謀本部は都督部を設置して作戦に関する任務の一部を担当させる方式を考えたのである。

一八九六年七月一三日、新たに東部・中部・西部の三都督部が設置された。都督は、陸軍大将か中将から任用され天皇に直属し、所管内の防禦計画と共同作戦計画を担当するほか、動員計画を監督し、歩兵教育にも責任を分有した。東部都督（近衛、第一・二・七・八師団を管轄し、第一師団司令部所在地に司令部を置く）には野津道貫《のづみちつら》大将が、中部都督（第三・四・九・一〇師団を管轄し、司令部は第四師団司令部所在地に置く）には佐久間佐馬太《さくまさまた》中将が、西部都督（第五・六・一一・一二師団を管轄し、第一二師団司令部所在地に司令部を置く）には山地元治《やまぢもとはる》中将がそれぞれ任命された（『明治天皇紀』九巻、一〇五・一〇六・一三六頁）。師団司令部は、第七は札幌から後に旭川、八は弘前、九は金沢、一〇は福知山から後に姫路、一一は丸亀、一二は小倉である。各都督部は、都督の下に参謀長一（少将もしくは大佐）・参謀（佐官一・大尉一）・副官（佐官一・尉官一）他将校同相当官が七人という小ぶりの組織であった。

新設された都督部の業務には多くの改善すべき課題が見られた。各都督部から報告された作戦計画は統一性がなく、必要事項を欠いたり参謀本部の訓令に反した戦時編制や動員計画が記されていた。参謀総長彰仁親王は、しばしば注意を喚起したにもかかわらず「再三同一の誤謬を致すは最も不可」と厳しく指摘し、今後の厳密な注意と周到な調査をもって遺漏や誤謬がないよう参謀長会議で求めた（「参謀本部歴史草案」明治三〇～三一年）。

都督部に関しては、平時には紙上の計画を立てて無駄な時間と労力を費やし、戦時には戦略単位である師団の行動を制約する「無用の官衙」と桂太郎は酷評していた（『桂太郎発書翰集』一〇〇・一〇一頁）。結局、都督部は日露戦争直前の一九〇四年一月に廃止される。

植民地統治体制

台湾統治　一八九五年（明治二八）五月一〇日、樺山資紀《かばやますけのり》海軍軍令部長が海軍大将に昇進し、初代台湾総督に親任された。総督の下には軍事官衙が組織され軍政が布かれた。そして、台湾・澎湖《ほうこ》島に関する諸般の事務を管理する組織として台湾事務局が設けられた（一八九五年六月）。伊藤総理が総裁となり、副総裁に川上、委員は田尻稲《たじりいな》次郎《じろう》（大蔵次官）、末松謙澄《すえまつけんちょう》（法制局長官）、伊東巳代治（内閣書記官長）、原敬《はらたかし》（外務次官）、田健次郎《でんけんじろう》（逓信通信局長）、山本権兵衛《やまもとごんべえ》（海軍軍務局長）、児玉源太郎（陸軍次官）という錚々たる顔ぶれから成っていた。

台湾平定（同年一一月）をうけて翌年四月一日から民政に移行することになったが、台湾事務局で、激しい議論になったのが台湾総督の任用資格であった。

図23　台湾総督府

総督を陸海軍大（中）将とする原案に伊東や山本を始めとする委員は反対した。これに対し、川上は台湾での武力抵抗を鎮圧する軍事行動が継続していることをもって文官総督論を批判した（陸軍大学校図書一二三三）。伊藤総裁は、陸軍の感情を考慮してか、原案を採用することに決定した（『原敬日記』第一巻、二三〇頁、一八九六年二月二日条）。

台湾統治は難しかった。「土匪《どひ》」は横行し行政は停滞し、ややもすれば外交紛争の種となり、台湾売却論さえ出るほどであった。一八九六年一月と六月に行われた土匪討伐作戦で、陸軍は良民と土匪との区別をせずに多くの住民を殺傷し、村落や市街を焼き、掠奪を働き、婦女暴行を行った。元々、陸軍は対ゲリラ戦を前提にした治安作戦の教育訓練を行ってきたわけではない。これに加えて将兵は、高温多湿の慣れない気候風土の下で、コレラや赤痢《せきり》などの伝染病、マラリヤなどの風土病に侵され、胃腸をこわし脚気《かっけ》を患った。部隊の傷病者だけで六万五〇〇〇人を超え、内、二万七〇〇〇人が内地に送還された（『日清戦史』第八巻、一〇五頁）。台湾の治安を維持すべき陸軍の荒廃は、住民の反発と日本への不信感を強め、台湾統治を困難にする悪循環をもたらした（柏木一朗「日本統治下の台湾と軍隊」）。さらには、軍人や総督府官吏が御用商人と結託して私利を貪り私腹を肥やしているという非難もあった。

台湾統治を刷新する観点から、陸海軍大（中）将に限定している総督の任用資格を撤廃して人材を広く求めようとする議論が起きた。明治天皇は、識見や技能が卓越する者でなければ台湾統治の責任を全うすることはできないとした。そして、総督適任者は得難いとして任用範囲の拡大を求めた。松方内閣で総督武官制の廃止が議論されたが、文官総督には軍隊指揮権がないので非常時に対処できないことが障碍となった。高島鞆《たかしまとも》之助《のすけ》陸相は武官制の維持を主張し、松方正義《まつかたまさよし》首相は決断を下せなかった。文官総督の場合には軍の司令長官（中将）を置き軍隊を指揮させればどうかという天皇の下問に、川上は支障はないとしながらも現行の武官総督制でもあえて不都合はないと奉答し文官総督に反対した。（『明

治天皇紀』九巻、二九五・二九六・三一一頁）。

台湾総督武官制は維持されたものの、適任者が容易に見つかるわけではなかった。桂太郎が第二代台湾総督（一八九六年六月二日〜同年一〇月）を辞任したのをうけて、川上は奥《おく》保鞏《やすたか》にその後任を要請している。しかし、奥は適任にあらずとして断っている（一八九六年一〇月六日付川上操六宛奥保鞏書翰「川上操六文書」六）。

陸軍大臣候補

時間が前後するが、一八九六年九月、組閣の大命をうけた松方正義は大山陸軍大臣の後任として桂太郎（台湾総督）の起用を考えた。ところが同じ薩派で第一次松方内閣で陸相を勤めた高島鞆之助が再度の陸相就任の希望を抱いた。後任候補として大山が松方に薦めたのは川上・桂・高島の三名であり、この中から松方は高島を選ぶ旨を天皇に示した。ところが天皇は、軍備拡張と台湾統治といった課題があるので参謀本部と意見がよく調和し陸軍行政を遅滞なく処理する手腕がなければならないとして、高島任用に難色を示した（『明治天皇紀』九巻、一一三頁）。川上を参謀本部に置き、桂を陸相にする人事配置が望ましいと天皇は考えていたのである。

日清戦争を機に川上の名は一般社会にも知られるようになり、戦後になると、大隈重信《おおくましげのぶ》や改進党（のち進歩党）の側から協力関係を築いておくべき陸相候補の一人として目されるようになっていた（『大隈重信関係文書』八巻、二四頁）。

東南アジア視察

川上は一八九六年一〇月一一日から台湾・厦門《アモイ》・香港・バンコク・ベトナム（アンナン・トンキン）などを視察に出発した。同行は、村田《むらた》惇《あつし》中佐（参謀本部副官）、伊地知幸介《いぢちこうすけ》中佐（参謀本部第一部長）、明石元二郎《あかしもとじろう》少佐（参謀本部第三部々員）であった。

視察目的の一つは、新領土となった台湾を実際にその眼で確かめることであった。日本から見れば、北海道・本州・九州を経て沖縄と接するのが台湾であった。最南端領となった台湾は対岸の厦門と人的・経済的結びつきが深く、南清一帯にかかわりを持つ時の拠点となる。台湾の南にはフィリピン群島やボルネオ・ジャワ・スマトラ島などが位置する。南清や東南アジアは、イギリス・フランス・オランダ・スペイン・アメリカなど西洋諸列国が利害関係を持つ地域であった。

もう一つの目的は植民地統治体制の調査であった。川上は植民地統治について充分な経験や知識を有していたわけではなかった。そこで、フランスのベトナム統治を学びそれを台湾統治に活用しようとしたのである。

フランスの植民地支配方式

フランスは、慣習に基づく地域区分を利用しその区域を一人の大尉に管掌させ、地域名望家に実務を担わせる方式を導入していた。植民地統治権力と地域名望家の接点に位置するこの軍人には、広い視野と行政・裁判・税に関する実務的知識が求められ、軍学校で良い成績を得て卒業した軍事専門性に特化した将校はむしろ不向きであった。川上は、良将校に一区域を長期間担当させ、当該区域の名望家を利用する方法に賛意を示した（川上操六『印度支那視察大要』六〜八頁）。

視察によって得られた知見は「台湾島視察意見」（『明石元二郎関係資料』三八一〜三九〇頁）にも示された。そこでは生活習慣や冠婚葬祭には干渉せず、住民と直接接する巡査や村吏などは土着の者を採用し安上がりで効率的な統治を行うべきと主張される。

そのため軍事面でも現地住民を利用しようとする。旅団の歩兵（二個連隊）を本国連隊と「土兵」連隊から成る二連隊制に換えて経費を節減し、現地人は下士官までの昇進を認める。そして、各旅団の管轄下に一〇〇〇人以内の村落自衛隊を設け村落の治安と警察を担当させるという内容である。

土匪討伐・治安維持の方法として植民地兵をつくり上げ、それを利用しようとする考えが台湾総督府陸軍部で検討されていた。楠瀬幸彦《くすのせさちひこ》砲兵中佐をはじめとする総督府陸軍参謀は、トンキンの統治方法やアンナンの土民兵、フィリピンでの植民地兵の活動などを視察研究し、台湾に到着した川上一行に研究成果たる「護郷兵」構想を示し川上から同意を得た。川上の『印度支那視察大要』も植民地兵や治安警察隊などの仕組みと有用性について多くの紙幅を割いて説明している。台湾での植民地兵創設構想は、これに慎重であった山県との妥協を経て、試行されてゆく（近藤正己「徴兵令はなぜ海を越えなかったのか？」一八九～一九六頁）。

武官優位の植民地統治体制論

川上は台湾視察で、警察官と憲兵、地方官と守備隊長との間で軋轢《あつれき》が激しいことを知り、文官と武官の調和を早急に図る必要を感じた。フランスのインドシナ統治でも地方長官と軍の司令官との間で権限をめぐる衝突が多かった。そこで川上は、武官総督の下で三人の旅団長（陸軍少将）が各管区を管轄し、その下に県知事を置き、村落の治安・警察業務まで軍が直接関与する体制をつくることで権限争いを封じようとした。高島陸相・拓殖相（第二次松方内閣）は台湾総督府の軍司令部化を追求し軍政を事実上継続させようとした。川上の意見はこうした薩派の志向に沿ったものであった。

川上らが唱える軍中心の植民地統治体制論に対して、陸軍内には、桂太郎のように行政機関と警察力を拡充させることを優先し軍人が行政を掌る方式に批判的な考えもあった（小林道彦『桂太郎』九六・九七頁）。こうした声に対抗して、武官優位の植民地統治体制を正当化するもう一つの事例を川上はロシアのシベリア経営に見出した。

川上は、一八九七年八月から九月にかけて行った東シベリア巡視を通じて「新土開拓殖民地の経営に就き大い暁《さと》る所あり」と述べている。川上の見るところ、中央政府から遠く離れ交通機関も未発達で人口も少ないシベリアで迅速確実な開発成果を上げた理由は、武官中心の経営方法が正しかったからである。

それはあらゆる領域で軍事組織を用いて地方を統御するやり方であった。行政の中軸である総督知事をはじめ各地方の長官に至るまでことごとく軍人が就き、文官は軍人の指揮を仰ぐ位置に置かれ、清や朝鮮人の労働者を監視する役割まで軍隊で行っている。広大なシベリアは全てが軍人・軍隊の指揮監督の下にあり、誠に元気で勢いがよいと言うべきであると強調している。川上は、台湾・東南アジア・シベリア視察によって、軍事組織による植民地経営方式がふさわしいと確信したのである（川上操六「東西伯利行報告」第四号）。

朝鮮をめぐる日露関係

朝鮮内政改革

王権をめぐる政治文化

日本側が追求した朝鮮内政改革の焦点の一つは、朝鮮国王の王権を制限することであった。国王高宗《こうそう》は、君主の命令には是非曲直の別なく直ちに黙従するのが朝鮮でのあり方だと主張する。井上馨《いのうえかおる》公使は、王室事務と国務を分離し、国政事務を扱う諸機関の職務権限を明確にし、君主は大臣に国政を諮詢《しじゅん》したのちに決定を下すべきであり、大臣に諮らず法を守らず自己の好みで物事を決めることはわがままで横暴な振る舞いだとしてこれを退けた（『日本外交文書』第二七巻—二、九四・一一一・一一二・一一六頁）。

井上は、主君は自らのためではなく世の中のためという基準で行動しなければならない、天下は天下の天下であり一人の天下ではないという考えに立つべきであるとする。そして、王室が金銭的に豊かになろうとも人民が官吏の無法な収奪によって貧困なままでは国力が振るわないのは当然であると指摘し、君主の個人的欲望のために政治権力を濫用し公共の福祉や利益を顧みない態度を批判した（『日本外交文書』第二七巻―二、四九・五〇頁）。

江戸時代の大名家には、天下万民に資しているかを行為基準とし、合議制によって恣意的権力行使を防ぐ仕組みが形成されていた（笠谷和比古『主君「押込」の構造』二三五・二四七頁）。権力を何のためにどのような形で行使するかという江戸時代の政治文化は明治国家に引き継がれた。

天皇による統治は、国土人民を私的所有物と見なさず、その命令や決断は公議輿論に基づかなければならないとされ、立憲主義の制度化に際して法治主義とも結びついた（坂本多加雄『日本の近代2　明治国家の建設』七〇・七一・三五〇〜三五三頁）。立憲政体のもとに統治権を総覧する天皇は、自ら権限を行使することはせず、宮中と府中の別を明確にし、尋常の政務は内閣に委せ、大臣の輔弼《ほひつ》によって政治決定を行った。

井上の発言は、日本の政治文化と明治政府の立憲主義を反映するものであった。しかし、高宗は井上発言をなかなか理解できなかった。

朝鮮では王朝とは天が特定の血族に与えたものでその血族の所有物と理解された。王朝に奉職する大臣や官吏は国王が自らの支配のために雇い入れた使用人で、民は王朝に支配される対象であり王朝の構成要素でもない。王朝を守るとは、特定の血族の統治権を他者から守ることであり、国王は王朝内で絶対的優位な立場を追求する（木村幹『近代韓国のナショナリズム』九四・一〇五・一〇六・一一四頁）。

高宗や閔妃《びんひ》が外国の政治制度に向けた関心は、王室費と大臣任免権であった（イザベラ・バード『朝鮮奥地紀行』第二巻、七七・七八頁）。朝鮮支配層による収奪と統治の失敗が人民の悲惨な貧困をもたらしたのであり、朝鮮独立のためには統治を改革して人民の生活状態を改善する必要がある、とした日本側の考えとは大きな違いがあった。

王権をめぐる日本側と朝鮮側の考えの違いは、朝鮮軍再編問題でも顕在化する。次に、軍再編に日本と高宗は何を求めていたのか、その同床異夢は何をもたらすことになるのかを見ておこう。

朝鮮軍再編　朝鮮軍の近代的再編は、日本陸軍将校を教官とする部隊（別技軍）の教育を嚆矢《こうし》とし、壬午軍乱（一八八二年）以降は清が関与した。日清天津条約（一八八五年）では日清両国とも朝鮮軍教練にかかわらない規定を設けた。朝鮮政府はアメリカ人軍事教師を雇用したが成果はあがらなかった。首都に駐在する朝鮮軍部隊は治安維持機能を果たすどころか、ややもすれば秩序攪乱要因になりかねなかった。給与遅配が恒常化していたからである。

日本政府は治安維持ができるように朝鮮軍の再編成を要求した。政府の方針をうけて大本営は、大島義昌混成旅団長に対して日本軍が朝鮮兵の教練を行うことを命じた。大島少将は大鳥圭介《おおとりけいすけ》公使を通じて朝鮮政府に働きかけた（9MB5D報告、一八九四年八月一四日条）。こうして第五師団の将兵が八月下旬から朝鮮政府の依頼に応じる形で朝鮮軍の教練を始めた。第五師団が平壌《へいじょう》に向けて進軍した後は、漢城《かんじょう》守備についた大本営直轄の後備歩兵第一八大隊がその役割を引き継いだ。

諸営の兵士を選別し五〇〇人規模の「訓練隊」という部隊が編成された（朝鮮政府の公式記録では練ではなく「錬」であるという〈金文子『朝鮮王妃殺害と日本人』二一六頁〉）。漢城には一八九五年二月から四月にかけて第一大隊と第二大隊が、五月には平壌に第三大隊が設置された。年末までに第六大隊まで設立する予定であった（田保橋潔「近代朝鮮に於ける政治的改革」、木下隆男『評伝尹致昊』一三一頁）。

改革は、政府の軍事的基盤を強化して地方官の権限を中央に吸い上げ、税制改革を断行して収税能力を高め中央集権化を進め、これをさらに国防軍創設につなげることが構想された。それは、御親兵を設置して廃藩置県を断行し中央集権化を果たした明治維新期の日本の経験を応用しようとしたのかもしれない。

改革では訓練隊と内閣中心政治が一体的に形成され、高宗と閔妃は君権が失われ臣下に権力が奪われる感覚を抱いた。それだけでなく、大院君《たいいんくん》の孫である李埈鎔《りしゅんよう》は、改革に協力して日本の後押しで次期国王の座に就く野心を有していた。権力を喪失すれば直ちに身の安全が脅かされると考える高宗は、王位を奪われる恐怖に怯え、内閣中心政治に不満を募らせ、政府と一体の軍隊ではなく、自分と家族の安全を図る護衛兵整備に関心を向けた（木村幹『高宗・閔妃』二一二・二二五・二二一～二三六・二八五頁）。

政府の軍か国王の護身兵か

高宗は、内閣の一体性を破壊し国王権力の回復を図った。軍務大臣が示した訓練隊の隊長人事案を承認しながら、他方で朴泳孝《ぼくえいこう》内務大臣に反対意見を伝え閣僚分断の種をまく。高宗や閔妃の信用を梃子《てこ》に自己の権力拡大を狙う朴泳孝は、この餌に食いつき、軍務大臣を追い落とし金弘集内閣を倒した。倒閣という役目を果たした朴泳孝は用済みとなり、国王と王妃から攻撃されたちまち勢力を失った。

内閣中心政治を破壊した国王と王妃は、次に訓練隊を支配するために閔妃が信頼する人間を新たな隊長に発令する。ところが、これに訓練隊幹部が反発した。宮中は、思いどおりにならない訓練隊を解散させようとし、米人ダイ（William M. Dye）が訓練した兵をもって訓練隊に代わる軍（侍衛隊八〇〇人、宮中警備隊として一八九五年七月一七日設置）を創り上げた（『原敬関係文書』第三巻、二一四〜二一八頁、杉村濬『在韓苦心録』一六七・一六八頁、木下隆男『評伝尹致昊』一三三〜一三六頁）。訓練隊と侍衛隊の反目は高まり、各々日本やロシアを後盾としてにらみ合った。

八月には処罰をうけていた閔派が復権し、九月末にはそれまでの改革を全否定する国王の意志が示されるに至った。宮中は政権回復に力を尽くす。さまざまな命令や官員の人事などは内閣の協議を経ずに国王の独断で発せられるものが多くなった。改革前の王妃主導の閔党内閣が復活するのは必至となり、内閣員は宮中の権力に恐れをなし政令の紊乱《びんらん》を諫《かん》言《げん》する者は一人もいなかった。軌道に乗り始めた改革に対して宮中から破壊の手が伸び、地方の暴動蜂起によって国家財政は整理できず、改革は元の木阿弥になろうとしていた（一八九五年一〇月三日付新納海軍少佐報告『伊藤博文文書』第一一巻、一六七・一六八頁）。

一〇月八日政変と閔妃殺害

一〇月八日早朝、君側の奸を除くと唱えて大院君が訓練隊と日本人壮士などとともに王宮に突入した。閔妃は殺され、新内閣が成立した。

三浦梧楼《みうらごろう》公使が朝鮮での軍用電信線を確保する目的で閔妃を暗殺したとして、この事件の黒幕は川上操六《かわかみそうろく》参謀本部次長であると主張する説もある（金文子『朝鮮王妃殺害と日本人』一三九・一四〇頁）。三浦を公使に就任させたのも川上であり「三浦は、川上の意を受ける形で閔妃虐殺を実行したことは間違いない」と断言する論者もいる（趙景達『近代朝鮮と日本』一二九頁）が、いずれも推測の域を出ない。

三浦以下の公使館員や守備隊が関与した政変の目的は、宮中での親露派を抑制し改革派勢力による内閣政治を回復することであった（木村幹『高宗・閔妃』二五三頁）。

一〇月九日、明治天皇は川上に真相の調査を命じた。外務省からは小村寿太郎《こむらじゅたろう》政務局長、陸軍からは田村怡與造《たむらいよぞう》中佐、海軍からは伊集院五郎《いじゅういんごろう》大佐と安原少佐などが漢城に派遣される。川上は田村・安原・伊集院の三名を招いて、共によく相談して決して陸海軍間で対立しないよう慇懃に説くとともに細やかな注意を与えた（『海軍諜報員になった旧幕臣』二三六〜二三七頁）。

現地で調査に当たった田村中佐は、ロシアとの軍事衝突を避けるためロシア水兵が国王をロシア公使館に導き入れようとも日本守備兵は関与しないことにした（『伊藤博文文書』第一五巻、二六七・二六八頁、史料では一〇月三日付となっているが内容的に一一月三日の誤記と思われる）。大本営は政府決定に従って、ロシアとの軍事紛争を回避するため仁川《じんせん》港停泊中の日本軍艦を旅順《りょじゅん》に回航する措置をとった。しかし、それだけでは十分でないかもしれなかった。

大本営は諸艦に佐世保へ急航するよう命じた（『伊藤博文文書』第一五巻、七九頁）。日本にとって最悪の事態は、事件を名目にロシアが日本に対して武力攻撃をしかけてくることであった。朝鮮に集結しつつあるロシア艦隊は、乗ずべき機会があれば日本艦船に対し開戦する秘密訓令をうけているという情報もあった。ロシア側に口実を与えないように軍艦を国内に撤収し、ロシアの武力行使に備えて秘密裏に艦艇の修理と出師準備計画を立て、防禦水雷敷設の準備も行う必要が生じたのである（「海軍命令」、MT・5・3・2・10）。この厳重な警戒態勢は一一月八日に解除されるまで続く。

内政改革の進展

一〇月政変で成立した金弘集を総理とし金允植《きんいんしょく》を外部大臣に魚允中《ぎょいんちゅう》を度支《たくし》大臣とする内閣は、米・露公使館員も加担した一一月二八日のクーデター事件に遭遇しながらも命脈を保った（以下は一八九六年一月二一日機密四号信、西園寺公望《さいおんじきんもち》外相臨時代理宛小村公使「陸奥宗光関係文書」七七―三による）。多くの艱難《かんなん》に堪えきれずに内閣は潰れると思われたが、危機をくぐり抜ける過程で内閣と軍隊の関係は親密になった。内閣は一一月の陰謀に加担した西洋人を宮闕《きゅうけつ》から退去させることに成功した。正統性を欠くと政府を否認する外国代表者の声も消えた。首相の金弘集を始め、主要

図24　金　弘　集

閣僚の魚允中・金允植・兪吉濬《ゆきつしゅん》（内部大臣署理事務代理、内務協弁）などは朝鮮で第一流の人物であったし、張博《ちょうはく》（法部協弁、法部大臣署理事務）・鄭秉夏《ていへいか》（農商工部協弁、農商工部大臣臨時署理）なども名声ある人物であった。現内閣は朝鮮人のなかで比較的に廉潔で優秀な人物を網羅したものであり、将来ますますその威信を高めることが期待できた。

閔妃暗殺を伴った政変で成立した政権なので国王の信任は未だ充分ではなかった。それでも、国王の実兄で宮内大臣であった李載冕《りさいめん》が内閣と国王との間に立って斡旋し、内閣と国王との関係も親密になる傾向を示していた。大院君は政治から遠ざかり大院君党と呼ばれた勢力も内閣に敵対する力を失った。閔派も昔日の面影はなかった。新政に抵抗しそうなのは守旧派だけであったが、現政府には一六〇〇人ほどの新式軍がついていた。一〇月政変後、侍衛隊は訓練隊に編入され、訓練隊を母体に漢城に親衛隊が置かれ、平壌《へいじょう》と全州には鎮衛隊が創設された。朝鮮内で現政府と親衛隊（旧訓練隊）を排除して王城を占領できる勢力は見当らなくなった。

こうした状況の下、朝鮮政府は、日本から二四名（大佐一・士官九・下士一二・騎兵教師二）の軍事教師雇用案を示した（一八九五年一二月三一日、西園寺宛小村「陸奥宗光関係文書」七七—二）。一八九六年度に新式軍四個大隊を増設して地方に配置し、士官一〇〇名を養成する計画の一環であった（一八九六年一月二三日西園寺宛小村「陸奥宗光関係文書」七七―四)。

参謀本部は朝鮮政府の要請を歓迎した。これまでの関係そして将来の利益からいっても二度とない好機会であった。参謀本部はこの求めに直ちに応じられるよう陸軍省と協議を行った(「参謀本部歴史草案」明治二八～二九年)。

朝鮮改革は宮中府中の別を明確にして王権に制限を加え、内閣中心の制度改革の下に、近代的官僚制度を導入し行政の効率を高め、開化支持派を地方官に起用して中央政府の威信を高め、財政基盤の自立化計画も立て、軍事だけではなく近代的警察制度の樹立に向けた動きを進展させていた(柳永益『日清戦争期の韓国改革運動』一六〇～一六六頁)。

対外関係でも金弘集内閣は、関係諸国に公平に対処しながら日本と協力してゆく利益を認識するバランス感覚を有しているようであった。日本側から見ると、朝鮮の政情は、紆余曲折を経てようやく凝集性を持つ内閣が政治の中心に位置し、改革を自主的に遂行できる段階にたどり着いたように思われた。金弘集内閣が持続すれば、干渉の度合いを減らしながら日本の利益を確保し朝鮮半島の安定化を図れそうであった。

露館播遷と改革の挫折

一八九六年(明治二九)二月一一日、高宗はロシア公使館に座を移した。金弘集内閣が政治的軍事的基盤を強化することは王権の失墜となる。高宗はロシア公使館に逃げ込み身の安全を図り自由な大臣任命権を回復し、元大臣を逆賊と名指ししてその首をとって自分に見せよと公示した。

金首相は民衆に虐殺され、魚允中も殺害された。朝鮮における近代的政治改革はここに挫折した。日本と金弘集内閣から自由となった高宗が指示した政策は、全体として進歩と正義の方向に向かっていた政策とは対照的なもので、王朝最悪の伝統に逆戻りした（イザベラ・バード『朝鮮奥地紀行』第二巻、三二九・三三〇頁）。近代的改革と高宗の専制志向は相容れなかった。

露館播遷《はせん》は、ロシア人が計画し、断髪令（一八九五年一二月三〇日）を利用して各地に暴動を起し親衛隊を漢城外におびき出し、電信線を切断し日本との情報連絡を遮断した上で実行に移された。計画を察知できなかった日本側にとって不意打となった。強硬策によって事態を挽回することも可能であったかもしれなかったが、参謀本部は本件を傍観した（千代田四二二）。

政府は、ロシアとの衝突を避けながら朝鮮永世中立共同保障の可能性を探った。しかし、イギリスは南米ベネズエラや南アフリカで紛争を抱え利害関係の小さな朝鮮でロシアと対立する事を望まなかった。アメリカも朝鮮に政治的価値を持たなかった。朝鮮永世中立化にかなう国際的環境ではなかった（『日本外交文書』二九巻、六九二・六九三頁）。

仮にロシアが朝鮮を保護国とした場合にはどのような対応をとるべきか。武力行使も辞さずに反対するのか（甲案）、それとも自衛自強を図る事を優先するのか（乙案）。川上は、ロシアの軍事力は人が思うほど強くはないと語ったという。ウラジオストクには三万の兵しか配備されておらず精鋭でもない。シベリア鉄道が完成しても兵站面《へいたん》から戦争遂行が可能かどうか疑わしい。日本は富士と八島二隻の戦艦が完成すれば対馬海峡を掌握して朝鮮に軍を投入することがずっと容易になると考えていた（ラックストン『アーネスト・サトウの生涯』二一三・二一四頁）。しかし、海軍の勢力が強化されるにはまだ時間が必要であった。

閣議は乙案を採用し、朝鮮に関して日露間で直接交渉することになった。一八九六年五月一四日に小村・ウエーバー協定が結ばれる。日本政府の朝鮮不干渉政策と日露協商策をはかる外交路線は第三次伊藤内閣まで継続されてゆく（佐々木雄一「政治指導者の国際秩序観と対外政策」）。

ロシア軍事教師の朝鮮派遣

一八九六年五月、モスクワでニコライ二世（Nikolai II）の戴冠式が挙行される。山県有朋《やまがたありとも》が特派全権大使として派遣され、ロシア外相ロバノフ（Prince Aleksei B. Lovanov-Rostovskii）と交渉して日露協定を結ぶ（山県・ロバノフ協定、六月九日調印）。朝鮮に対する日露両国の地位を対等なものとし、朝鮮の財政に関する両国の協力、朝鮮の軍隊・警察に関する両国の不干渉を約束するものであった。

ところが、ロバノフは、日露協定に反する秘密協定を朝鮮特派大使・閔泳煥《びんえいかん》との間で結んだ。ロシアは、将校を派遣して国王護衛の親衛隊創設を支援し、財政顧問を派遣し朝鮮に対する借款を考慮するとし、ロシア陸軍大佐プチャータ（Dmitrii Putiata）を団長とする十数名の教師団が漢城に到着した（一〇月二一日）。

高宗の命令によって親衛第四・五大隊から八〇〇人の兵卒を選抜して新近衛隊（侍衛隊）が編成され、一一月からロシア士官の教練が始まった。新近衛隊編成は事前に軍部大臣にも知らされていなかった。高宗はまったく自身の身の安全のために独断で突然にこれを行った（一八九六年一一月一八日付加藤増雄臨時代理公使報告機密九二号、MT・3・9・3・20－1）。

教師団給与は新近衛隊の経費よりも高額であった。号令はロシア語が用いられた。三ヶ月ほどの訓練で歩哨《ほしょう》任務や王宮警備ができる水準になり、ロシア公使館から国王が王宮に帰還する条件が整い、一八九七年二月、高宗はロシア公使館から王宮に帰還した。高宗がロシア公使館から王宮に帰還するために日本側としてもロシア士官による軍事教練を黙認せざるを得なかった。

王宮から少し離れた所に新たな兵舎が建てられ、ロシア人教師は王宮内の一角に住居が提供された。彼らは日常的に兵を監視し、非常時に兵を掌握して国王を保護するように仕向けられていた。

国王の護身兵の実態

王宮の内と外回りには多くの歩哨が設けられた。王城門の詰め所で警備に当たっているはずの兵は銃を壁に立てかけ、煙草を吸い、ポケットに手を突っ込んだまま持ち場の周りをうろついていた。ロシア士官による教練を通じて矯正が図られたが、兵に歩哨任務を理解させ実行させることは困難を伴った。日本式教練の経験を有する旧訓練隊兵士はロシア式教練を評価せず、侍衛隊に選抜された将校とそれに洩れた将校との間にも軋轢が生じた。プチャータにも悪評があった。朝鮮人将校は臆病で、兵の給与の一部を着服し、処罰すべき兵卒を庇い規律を無意味にした。こうした弊害が改善される見込みはなかった（BDAF6, pp.260-3　一八九七年三月一三日付加藤増雄公使報告機密一七号、MT・3・9・3・20－1）。

ロシア軍教師による朝鮮兵制改革も十分な成果をあげることができなかった。一八九八年、王陵を訪ねた高宗の行列が突然の雨に遭った。行列に参加していた百官はもとより侍従や警護兵までが散り散りになって雨を避けた（李榮薫「民族史から文明史への転換のために」）。朝鮮では雨天時に傘をさしたり雨合羽を着用して外出するのは身分の卑しい者のすることであった。雨をおそれ身分的体面のため警護兵までもが高宗を護ろうとしなかった。

高宗は、自らの身の安全を図るために軍隊を整備することに躍起になっていたが、信頼できる軍隊を創り出すことはできなかった。

ロシアの日本軍評価と朝鮮政策

日本陸軍評価

日清戦争に観戦武官として日本軍の満州での作戦を観察したロシア陸軍ウォーガク（Konstantin I. Vogak）大佐は、日本軍を高く評価した。すなわち、日本軍はよく組織され、よく訓練・教育された優れた兵士から成り、自己の任務遂行に献身的な将校が指揮する。軍隊の責任感と愛国心は完全なものであり、冬季の困難な情況でも日本軍は作戦を遂行した。補給・輸送・医療など兵站もうまくやった。すべてがあらかじめ考えられ、整えられ、何ひとつ見落としがない。どこの国の参謀本部でも、日本が複雑で難しい諸問題をかくも鮮やかに解決していることに敬意を表するだろうと（和田春樹『日露戦争』上、一五二頁）。

ウォーガクは、部隊の団結力と戦闘意欲の高さを示しながら日本軍を欧州の軍と比肩できる極東最強の陸軍であると評価した。高級指揮官の能力には疑問符をつけていたが、近代的軍事教育を十分にうけた若手将校が昇進してゆけばこうした弱点は自然と解消されてゆくと捉えた。日本駐在武官となったヤンジュール（Nikolai I. Ianzhul）も、日本軍の上級指揮官の能力に問題があり騎兵や砲兵の水準は高くないとするも、訓練・装備・機動力については欧州列国の陸軍に匹敵すると評価した（Marshall, pp.86,89）。

一方、日本では日清戦争勝利は、日本軍の強さを証明したものではないとする自己評価が存在した。山地元治《やまぢもとはる》中将（第一師団長）や立見尚文《たつみなおぶみ》少将（歩兵第一〇旅団長）は、ともに、清軍が予想以上に弱かったと語り、「殆ど戦争にあらず」「一種の児戯」と評して部下にうぬぼれと楽観的戦争観を持つことをいさめた（『日清戦争実記』三一編、二八・二九頁、三七編、九五頁）。欧州でも日本軍の勝利は弱い清兵に勝っただけであり軍制や戦術の発達を証明するものではないとする見方があった（『伊藤博文文書』二二巻、二七〇頁）。

ロシアでもこうした観点を共有する報告があった。一九〇〇～〇二年にかけて駐在武官になったワノーフスキー（Boris P. Vannovskii）は、前任者とは逆の評価を下し、日本軍は欧州の最弱国と同水準であり、列国の水準に達するにはあと数十年かかるとし、弱点を強調する報告を送り続けた。ロシア陸相クロパトキン（Aleksei N. Kuropatkin）は、その報告に満足し、日本陸軍には近代戦は無理だと判断した。日本人は訓練をうけた猿にしか過ぎないとニコライ二世が思ったように、そこには人種偏見も影響していたろう（Marshall, pp.88-91. 和田春樹『日露戦争』上、一〇・一一・三〇二・三〇三頁）。

対日作戦計画

日本側の対露諜報では、一八九七年四月末に秘密訓令をうけた駐在武官ヤンジュールは日本上陸作戦意見書を起案し本国に送付する準備を行っていた。ロシア陸軍はそれまで大阪占領を対日作戦の要としてきた。ヤンジュールは、大阪攻略は難易度が高いとし、太平洋岸で東西を結ぶ地点にあり北陸地方への連絡もとれる交通の要所である名古屋を攻略すべきであるとした。清水港から上陸し静岡市を扼《やく》し東海道沿いに名古屋攻略に向かう。所用兵力は約三個師団半である。名古屋を占領されても日本が降伏しなければ、第二段目の作戦として、大分佐伯方面から熊本を攻撃し、津軽海峡から青森に入って盛岡方面に圧力を加える。そして、第三段作戦では名古屋から大津・京都を占領し舞鶴港を奪うとした（千代田一〇三八―一二）。

日本軍に対する低評価は、ロシア陸軍参謀次長の対日開戦論に示されるような強硬論を誘発する。日清戦争での日本の勝利は日本軍の戦略と士気・軍紀が清軍より優れていたことを意味しない。清は軍事組織の不完全さと戦術眼なき指揮官のせいで負けたのだ。日本軍は軍拡に伴い戦術や技術を習熟する途上にあり、日露の国力には大きな差がある。シベリア鉄道の全通や極東艦隊増強を待つまでもなく、むしろ今戦争をした方がロシアにとって利益が大きいと（一八九七年八月三日付諜報、千代田四七二）。

川上のシベリア視察

川上は一八九七年八月から九月にかけてシベリア視察に出かけている。随行は、参謀本部第二局員の青木宣純《あおきのぶずみ》砲兵少佐・古海巌潮《ふるみいずしお》歩兵大尉・久松定謨《ひさまつさだこと》歩兵中尉であった。

参謀本部は、ウラジオストクに武官を公式に駐在させるだけでなく、密に花田仲之助《はなだなかのすけ》大尉を清水松月という変名で西本願寺の布教僧として派遣した。一八九六年二月に内命をうけた花田は、翌年四月から一八九八年末までウラジオストクを根拠地に情報収集活動に従事したものの、東部シベリアの様子はよく判っていなかったのである。

川上のシベリア視察は、表向はロシアのシベリア経営方式の実地見聞にあった。これに対して、ヤンジュールは、ウラジオストクから東部シベリアを経てウラル地方まで巡視する予定の川上一行に疑念の眼を向けた。日本陸軍では大佐級から旅団長・師団長に至るまで攻勢論者が多く海軍将官の大半も同じであるとして、川上のシベリア巡視は「極めて疑うべきもの」と日本の攻勢策と関連させて捉え、ロシア参謀本部に警戒するよう報じた。

ロシア側は、シベリアに潜入している日本側スパイと川上一行との接触を監視し、接触した日本人と朝鮮人は直ちに憲兵に通報し日本側の情報網をあぶり出す機会にしようと待ち構えていた。また、外交的手段として朝鮮をめぐる日露交渉で譲歩姿勢を見せて大隈重信外相を取り込み、日英離間を謀り最終的に交渉を決裂させ日本を外交的に孤立させることをねらった（一八九七年八月三日発ヤンジュール電、八月七日付牒報、千代田四七二）。日露両国とも盛んに情報活動を行っていた。

八月八日、大連丸でウラジオストク港に入港した川上一行は、太平洋艦隊旗艦リューリックの楽隊が奏でる君が代と将兵が甲板上に整列する登舷礼をもって迎えられた。到着後の視察はロシア側で定めた日程に従って行動し、ロシア政府の手厚い待遇をうけた。しかし、ロシア側の歓迎宴会の席でもロシア皇太子襲撃の湖南事件のことを口にする人々がおり、川上の馬車に土塊《どかい》を投げつけたり、川上を暗殺しようとした者さえいたという（『偕行社記事』七二六号）。

八月一一日、ウラジオストクから鉄道でイマンまで四〇〇キロ程の距離を二四時間あまりをかけて移動している。沿線は人家はまばらで無限と思えるほどの草原が広がっていたが、移民によって数年後には豊かな耕作地に転じるだろうと予測している。イマンから先の鉄道はまだ建設中であったので、ハバロフスクまではウスリー河を船で下った。河岸にはコサック屯田兵《とんでんへい》の村が点在していた。一八日にハバロフスクからブラゴエシチェンスクに向けて船で出発した。早朝から夕方までの航行を繰り返して七日間を要した。黒龍江は二〇〇〇トン級の船が航行できた。川幅が目視できないほどのこの大河の流れは穏やかで、瀬戸

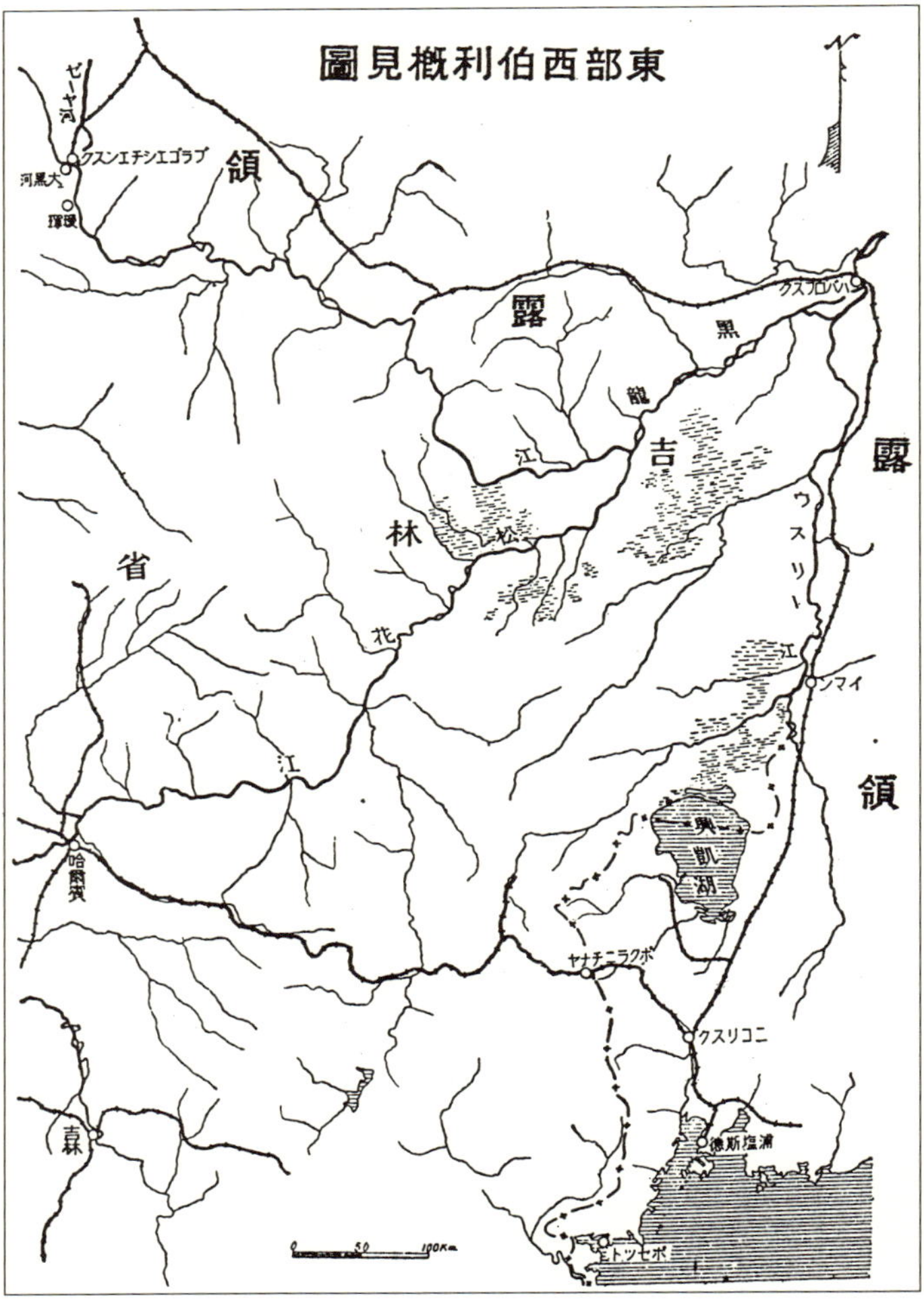

図25　シベリア略図（古海厳潮「東部西伯利視察の思出」
『偕行社記事』726号より）

内海を通過するような感じがしたほどであった。帰路は、ハバロフスクからウスリー河に入りニコリスクを視察しウラジオストクに至り（九月三日）、朝鮮の元山《げんさん》、釜山《ふざん》を経由して帰京した（九月二〇日）。八月八日のウラジオストク上陸から九月三日までの二七日間で往復した距離は三二〇〇キロを超える長旅であった。

対露作戦イメージ

シベリア視察目的の一つは、対露軍事戦略にかかわっていた。同行した古海大尉は、視察目的は川上がロシアと妥協を図り和平策をとるべきかどうかの決断を下す準備作業の一環ではなかったかと回顧している。シベリア鉄道は黒龍江《こくりゅうこう》左岸を通りハバロフスクを経てウスリー江に沿う形でウラジオストクに至ると考えられ、日本とロシアが戦うとなれば沿海州が主作戦地帯になると想定され、朝鮮半島も戦場になる可能性があった（『偕行社記事』七二六号）。

この頃、ザバイカル以東のロシア軍は九万弱で、このうち会戦に使用できる兵力は五万程度と想定された。シベリア鉄道や中東鉄道が未完成の段階で、ロシアの中心部から一個軍団の兵力を極東に移動させるならば、鉄路と水運を組み合わせて行う事になる。モスクワから鉄道輸送を始め、ストレチンスクからハバロフスクまで黒龍江の水運を利用し、そこから鉄路でウラジオストクに運ぶ。この行程には少なくとも六六日以上を要すると見込まれた。これに対し日本軍は、釜山から朝鮮陸路あるいは海路を利用して六個師団を会戦地と想定されるニコリスクあるいはウラジオストクへ送り込めば勝利も可能だと考えられた（『山洲根津先生伝』二七八〜二八一頁）。ウラジオストク要塞を攻略しニコリスクに進出する作戦であったと推測できる。

極東ロシア軍の練度

川上らの眼には、ロシア陸軍の質は高いものに映っていたようである。ハバロフスクではロシア軍が川上一行のために特別に歩兵・騎兵・砲兵連合部隊の対抗演習を挙行した。諸兵の動作はとても沈着でありながら活気があった。特に注意をひいたのは突貫（突撃）する際、両軍が衝突しても停止の号令を出さずたがいに敵の隊列を過ぎた後になって停止させることであった。これは実戦で敵兵を前にして逡巡することがあるので、平時の演習から突貫で突き抜ける実践的訓練を行っていたのである（「東西伯利行報告」第二号）。

一八九七年にシベリアでのロシア軍大演習を参観した駐日フランス公使館附武官ピモダン（comte de Pimodan）大尉は、兵力量は充分ではないが兵の体格と規律は優れており、訓練と諜報活動は日本軍と同等の水準にあると評している。そして、ロシア軍将校は日本の将校より聡明で上層部に行くほどそれがはっきりする。将校の能力の違いがあるので日本軍は欧州の軍隊には勝てないと判断した（『アーネスト・サトウ公使日記』二巻、三三二頁）。イギリス陸軍の情報部門の将校も同様の見方をしていた。

そうした判断には一定の根拠があった。日清戦争前の日本軍は演習で実戦とかけ離れた命令をしばしば出していたが、ロシア軍は実戦を意識して平時の演習を行っていた。実戦を経験した日本軍はそれでも戦前からの悪弊を克服できない部分があった。一九〇一年になっても将校は演習で、戦況判断や地形利用を誤り、不都合な部隊配置や運用を行い、協同一致の動作を欠き、情報伝達の時機を逸することが続いた。師団長や旅団長といった高級指揮官は、機動演習でややもすれば放任か過剰干渉の両極端にぶれてしまい委任戦術を充分果たせていなかった（一九〇二年一月野津道貫教育総監上奏、千代田九七四）。

西―ローゼン協定

ロシアが旅順《りよじゆん》・大連《だいれん》を占領したのをうけて、一八九八年三月、西《にし》徳二郎《とくじろう》外相は韓国と満州の境界をもって日露間で勢力圏を分かち、それを相互承認しようという提案を行う。

駐日ロシア公使ローゼン（Roman R. Rosen）は、日本政府がロシアの朝鮮保護国化を認めることはあり得ず力の限り抵抗する、ロシアとの協定可能性がないとわかれば日本は準備が出来次第軍事的解決に乗り出すだろうと本国に警告し、満韓交換論的立場で日露協定を結ぶ望ましさを示した（和田春樹『日露戦争』上、二七三・二七四頁）。

しかし、ロシア外交界は朝鮮と旅順・大連との利益交換論は譲歩し過ぎであるとして否定的であった。日本側は、朝鮮での軍事・財政面では日露対等とし、商工業面での優越性を認めさせようとする譲歩案を示し、この線でひとまず合意が成立した。外務大臣とロシア公使の名を取って西・ローゼン協定と呼ばれる。

ロシアではこの協定が朝鮮におけるロシアの手足を縛るものと不満が抱かれた。先帝アレクサンドル三世（Aleksandr Ⅲ）をはじめ、軍人・新聞記者や国政に関心のある一般のロシア人は、満州や朝鮮をロシアの勢力圏と見ており、旅順大連と朝鮮を日露間で交換することはあり得ないと考えた。外国の領土をわずかでも得られれば嬉しがるロシア人にとって、日露協商は一時的なものにしか過ぎなかった。後日、ロシアが朝鮮に改めて着手するのは必然で、日本は対露戦争の覚悟が必要であると考えられた（一八九八年六月五日付、八代六郎海軍中佐報告、海千代田一七二）。

山県・ロバノフ協定についても、ロシアは日本側の抗議を無視して朝鮮に軍事教師を派遣した。ロシアへの警戒を緩めることはできないとする報告を裏づけるかのように、新たな日露協定以降も、商業的装いの下で軍事的活動を意図して朝鮮に進出するロシアの企画が止まなかった。それは皇帝の承認をうけていた。クロパトキン陸相もロシアが朝鮮に対する排他的影響力を持つ状態を望ましいと上奏し、ロシア海軍も朝鮮南東岸で海軍根拠地を獲得する意欲をすてていなかった（和田春樹『日露戦争』上、二九四・三〇八・三〇九・三一六・三一七・三四四・三七八頁）。

朝鮮をめぐる日露間の争点

ロシアは、極東での海軍根拠地である旅順とウラジオストク間の海上連絡路が日本によって遮断され、ウラジオストクが日本海に封じ込められることをおそれ、対馬海峡に面する朝鮮南岸の港湾（馬山浦）を根拠地に欲した。馬山浦をロシアが根拠地にすればロシア極東海軍力は二倍になるに均しかった（一八九九年一〇月二〇日付野元綱明海軍中佐報告、MT・5・1・10・7－1）

日本側の諜報によれば、「日本軍備拡張を防圧するの策」を主題として一八九八年一月上旬に開かれたロシアの軍事会議では、日本に朝鮮の漢城以北で軍事根拠地を構築させず、朝鮮東岸へ上陸を困難にすることでウラジオストク港の安全を確保する方策が示されたという（一八九八年三月二八日付牒報、千代田四二三）。

日露開戦前に行われた交渉で、ロシアは朝鮮南岸に日本が防禦施設を建設することを禁じ、北緯三九度以北から清国境までを中立地帯（非武装地帯・駐兵禁止）とすることを提案する。ロシアは朝鮮北部から日本軍が満州あるいは沿海州方面に突出することを防ぎ、ウラジオストクと旅順を結ぶ海路が日本によって切断されないようにしようとした。一八九八年には朝鮮をめぐる日露間の軍事上の争点が明確になっていたことがわかる。

戦後経営の調整

戦後日清提携論

日清提携への期待と現実

川上操六《かわかみそうろく》は日清戦争前から、日清提携論者であったといわれる。一八九三年（明治二六）、朝鮮・清視察旅行に出発する直前、対清意見を聞いた山之内一次《やまのうちかずじ》（鹿児島出身の内務官僚）によれば、川上は「支那のことは到底単純な解決とは行くまい、所謂雨降って地固まるかナ」と語ったという（山之内一次談『読売新聞』一九二〇年九月一二日）。

日清戦後、日本は清に再度提携を求めようとした。日本が思い描いたように、清の敗北は日清協調を促進する動きを示していたのであろうか。川上のアジア主義的大陸政策とはどのようなものであったのかを見てゆこう。

海軍の情報参謀安原金次少佐は、清は日本に対して復讐戦は考えても提携に踏み出すことはないと見た（『海軍諜報員になった旧幕臣』三〇六頁）。公使館附武官神尾光臣《かみおみつおみ》中佐も、清が敗戦をうけて大規模な行財政改革を行い日本の友好国となる事は東洋の平和のために望ましいものの、それは到底期待できないと慨嘆する。

戦場に臨み日清戦争の実際を目撃し敗戦原因を自覚したのは李鴻章《りこうしょう》の関係者に限られ、他の官員は地大物博を誇り日本を小国と蔑視していた。李鴻章が改革を担うことは期待できなかった。外国事情に通じていた李鴻章の権力と権威は大幅に低下していたからである。北京政府の中には、日本と李が示し合わせて戦争を始めたのだ、清軍が連戦連敗したのは李がわざと負けるように麾下《きか》の将卒に言い含めたからであり、下関で襲撃されたのは日本と密に通じていることを覆い隠すための芝居であると捉える大臣がいた。日本に支払う償金から四〇〇〇万両を李鴻章が手にすると清政府内で信じられ、李は「売国の臣」と目されつつあった。敗戦を契機とする改革は期待できなかった。

日清提携を誘引するために日本が恩恵的政策を施しても、清の国内事情が右のようなものであれば効果は期待できない。むしろ、威厳をもって強硬な態度で臨むしかなくなる（津報第二、第四号報告、千代田四二一）。こうした清の内情に明治天皇も落胆した。

清の連俄拒日策

清では、劉坤一（両江総督）や張之洞（湖広総督）のような有力地方官が朝廷にロシア（俄）と結び日本を拒む策を建義した。ロシアのような強国と関係を良くしておけば日本をおそれる必要はないし、清が日本に対して復讐戦を行う機会もやってくるだろうと期待していたのである（矢野仁一『日清役後支那外交史』三四四〜三四九頁、王芸生『日支外交六十年史』第四巻、五二〜五四頁）。

ニコライ二世の戴冠式に派遣された李鴻章は、光緒帝《こうしょてい》をはじめ清政府の承認のもと、鉄道を見返りにロシアとの同盟交渉を行う。李はロシア側のウィッテ（Sergei Witte）蔵相と会談を重ね露清同盟密約に調印した（一八九六年六月三日）。日本が東アジアにおけるロシア領や清または朝鮮を侵略した場合には、露清両国は協力して日本と戦う戦争を行うという内容である。そして、清に対する有効な軍事支援を行うためという名義の下にロシアは清領の満州を横断してウラジオストクまでの鉄道（中東鉄道）敷設権を獲得した。

それだけではなく、ロシアは艦隊をもって旅順を占領し新たな露清協定を結び、三国干渉によって日本が清に返還した遼東《りようとう》半島の先端部分に位置する旅順《りよじゆん》・大連《だいれん》を租借した。こうしてロシアは清領にシベリア鉄道を敷設し、鉄道をウラジオストク・旅順・大連などの軍港・商港と結びつけ満州を勢力圏化し、沿海州の軍事的脆弱性を解消した（麻田雅文『中東鉄道経営史』三八〜四三・二〇〇〜二〇四頁）。

ドイツは山東省の膠州《こうしゆう》湾を占領し九九年間租借することを清政府に同意させ、フランスは広州湾をイギリスは九龍《きゆうりゆう》・威海衛《いかいえい》を租借した。

夷をもって夷を制する清の伝統的策は裏目に出て帝国主義国家につけ込まれる結果をもたらし、帝国主義列国間では勢力範囲の相互承認などが進行し、清は急速に列国の利権争奪場に転落した。

参謀本部と日清提携策

清側の変化

一八九七年（明治三〇）八月、福島安正《ふくしまやすまさ》大佐（参謀本部第二部長）は、直隷・山東・湖北などの諸省を遊歴する。福島が視察旅行を行った時は、張之洞《ちょうしどう》を含め反日感情が盛んであった。視察から帰国した福島は、川上に対して張之洞工作を行うことを提案し川上の同意を得た（陶徳民『明治の漢学者と中国』六七・六八頁）。働きかけを行うにはちょうどいい時期にめぐりあわせた。ドイツの膠州湾占領やロシアの旅順大連占拠に反発して、清ではこの年の一二月頃から日本・イギリスとの交際を重視すべきという声が出はじめていた。上海から漢口の長江流域で日清親交論が初めて広まったのである。日本を蛇蝎視していた張之洞も日清同盟論の首領として熱心に政府に対して働きかけを行い、これに劉坤一《りゅうこんいつ》なども同調した（一八九八年二月一一日付宗方小太郎報告、海千代田一七二)。

駐清公使館附武官神尾光臣と宇都宮太郎《うつのみやたろう》大尉が張之洞に接触した。神尾は、白人によって黄色人種の日本や清は危険な立場にさらされており、人種も文字も学問も同じ国として日本は中国とつながることを真剣に願っている、これは川上操六参謀本部次長の意であり、この旨を張之洞に伝えるよう委嘱されたのだと語った。また、宇都宮も、日清両国は連携しなければならないとする川上の意見を示し、日本としてはイギリスや清と連合してロシアとドイツに対抗する希望を有していることを明らかにした(陶徳民『明治の漢学者と中国』七五・七六頁)。

協調の具体策として、神尾は日本の軍学校に留学生を派遣することを勧めた。神尾に同行し張之洞に面談した西村天囚《にしむらてんしゅう》は、日本留学の利点として、欧州に一〇人派遣する費用で五〇人を派遣でき、欧州で五年かかって卒業するところを日本でなら三年で卒業できると強調した。清側も、留学費用が安く、漢字を使用している日本での勉強は言語上の障壁が少なく、清朝統治を脅かさない立憲君主政体であるなどの理由から、迅速な洋学吸収を行うには日本留学が便利であると認めた(横井和彦・高明珠「中国清末における留学生派遣の展開」)。明治天皇も事態の変化に関心を抱き神尾が帰国した折に御座所に召して清の国内情況報告を聴いている(『明治天皇紀』九巻、三七一頁)。

参謀本部が接触したのは地方大官だけではなかった。一八九八年、神尾や宇都宮は漢口で、譚嗣同《たんしどう》とも会見し（この年九月の政変によって譚嗣同は処刑される）、日清連盟の密談を交《かわ》している。これを日英清提携に発展させることで、鉄道敷設、国債発行、軍事改良などの援助も可能になると語っている。譚嗣同によると、神尾らは日清は唇歯《しんし》相依るものであって清がもし存続できないなら日本も必ず亡ぶ、故に前の交戦を大変悔いている、願わくば清と連携したいものである、清を救う事はすなわち日本を救うことでもあると語ったという（中下正治『新聞にみる日中関係史』一二一・一二二頁）。

陸軍演習見学と教師派遣

清への働きかけとして陸軍の大演習が利用された。一八九七年秋の大演習には日本側の招待に応じて清陸軍士官六名が見学にやってきた。神尾大佐は直隷総督兼北洋大臣・王文韶《おうぶんしょう》に武官派遣を勧誘した。派遣された清の武官は（日本でいえば大佐相当）、日本から帰国し、日本軍の威容と厳格な規律、美しい景観や純朴な人情と共に日本側の手厚い待遇を復命し、王文韶からは外務省と川上次長に謝辞が伝えられた（MT・5・1・3・18）。

清から軍事視察員や留学生の来日を誘引するため、参謀本部は翌年一一月、大阪地方で行われた大演習も利用した。演習に先立ち八月下旬までに演習視察者を派遣するならば、東京にある陸軍諸学校や砲兵工廠等の見学を認めるという参謀総長の意が清政府を通じて

図26　陸軍大演習を視察した清・朝鮮と西洋諸国の武官
（『明治三十一年大阪地方特別陸軍演習写真版帖』より）

南洋大臣、北洋大臣、湖広総督に伝えられた。外務省出先も、改革は書物から得られる知識だけで実行できるわけでなく、実際に外国の進んだ情況を見て確かめる必要があるとして、清から日本に軍事視察員を派遣するよう勧めた。

こうした働きかけによって、南北両洋大臣の管轄下から文武官二一名が演習見学に派遣され、これとは別に張之洞も一一名を日本に送り込むことになった。さらに張之洞は、日本人の陸軍顧問と教師を招聘し、陸軍生徒一〇〇人を日本に留学させる希望を示し、総理衙門も陸軍生徒を日本に派遣する計画を立てるに至った（一八九八年八月

一七日、第一〇五号、加藤高明駐英公使宛大隈重信外相、MT・5・1・1・14)。

張之洞が求めた日本軍将校による清兵訓練は、川上参謀総長と外務省との間で協議がなされ日本政府の名義ですぐに承諾の回答がなされた。一八九九年では、日本陸軍軍人が清の浙江武備学堂・南京練将学堂・安徽武備学堂・福建武備学堂等に雇用されている（MT・5・1・1・14)。

陸軍留学生受け入れ

士官養成を目的とする清留学生を受け入れるために、参謀本部は清国学生管理委員会を設置した。そして、同委員会の委託をうけて成城学校が清国留学生部を創設し（一八九八年七月）留学生教育を行うことになった。成城学校は士官学校受験予備校で、校長には陸軍軍人が就いていた。この時の校長が川上であった。川上校長時代（一八八九年一一月~九九年五月）に、学校敷地をはじめ毎年少なくない金額を下賜されたり、陸軍の建物を学校用に譲渡されるなど保護をうけている。

日本政府は、清の軍事改革事業をイギリスとの了解の下で行おうとし、日本が陸軍をイギリスが海軍をそれぞれ分担する日英協力論を申し込み、英政府から同意を得た（一八九八年一一月一六日付特報九一号、青木外相宛加藤英公使、MT・5・1・1・14)。

紆余曲折を経て清の陸軍留学生派遣も実施された。この後、参謀本部は振武学校を設立し（一九〇三年七月）成城学校への留学生教育委託を解いた。成城学校を卒業した清留学生は一八八名という（宮城由美子「成城学校と中国人留学生についての一考察」）。なお、中華民国の指導者蔣介石《しょうかいせき》は振武学校の出身である。彼らは日本留学を通じて、時間割に沿った生活を送り、公共的性格を帯びた場所での作法を身につけ、軍隊が中国伝統の人民を虐げるものとは違う公益に奉仕する存在であることを初めて知ることになる（深町英夫「師か？敵か？」）。

参謀本部の日清提携策と人種戦争論

なぜ参謀本部は対清提携を求めたのであろうか。一般的に考えられることは、日本軍将校をもって清の軍隊を編成・訓練すれば匪徒が蜂起しても直ちに鎮圧して治安の維持を図ることができる。また、伝統的な清軍とは異なる、規律ある部隊を創り上げれば管下人民の希望にかなうだろう。日本がこうして好意を表し清の地方軍への影響力を築き、他日、鉱山開発などの利権獲得につなげてゆく計算も働いたかもしれない。

ところが参謀本部の日清提携策には、こうしたものを越えて、人種競争論への対策が込められていた。一八九六年八月から一二月まで清や朝鮮視察を行った参謀本部第三部々員宇都宮太郎の復命書は、人種戦争に備えるために日清韓攻守同盟を考えていたという（『宇都宮太郎日記』第一巻、斎藤聖二解題六頁）。ロシアに派遣されていた花田仲之助《はなだなかのすけ》も、将来人種闘争が生じると見て最初の戦いとして対露戦争を位置づけ、それに備えて日本が清を利用できるようにしておくべきであると主張した（『陸軍大将川上操六』一七二・一七三頁）。

民間では、人種競争論に基づき東洋（黄色人種）対西洋（白色人種）の戦争の第一歩として日清戦争を位置づける考えがあった。戦争によって清を覚醒させ、日本が東亜の盟主となって西洋に対抗してゆくことを追求するというのである（広瀬玲子『国粋主義者の国際認識と国家構想』六八～七一頁、中川未来『明治日本の国粋主義思想とアジア』一六五・一六六頁）。

人種競争論は、日清戦争後に清との提携を志向するアジア主義的傾向を有する個人や団体に広がってゆく（山本茂樹『近衛篤麿』九一～九四頁）。「支那保全論」と呼ばれる日清提携論は人種と文字を同じくする日本が中国の文明化を担おうとした。そして、同文同種をもってする日清同盟論のもっとも先鋭的な部分は同盟の先に対露戦争を見すえていた（小林和幸「山県有朋の国際認識」）。参謀本部の清に対する働きかけは、戦後日本における対外政策論の一つを反映していた。

清では、人種競争論に基づく日清提携策を受容する変法論者も存在したが、異なった受け止め方をする者もいた。田村怡与造《たむらいよぞう》大佐は、四川省の武官某に対して、シベリア鉄道が完成すれば、日清両国はイギリスやロシアから圧迫をうけることは必至である、故に、日清両国は相互に協力しなければならないと説いている（一八九九年一〇月）。

日本を初めて訪れて朝野の名士と面会したその武官は以下のように理解した。小国日本は中国と戦争を起こしたことを大いに後悔し、中国との関係を修復したいと考えている。なぜならば、日本はロシアに対し独力で自国の保全を図ることができないからである。だから日本は、今や中国に援助を求めているのだと。この武官の関心は、列国の蚕食から清をどのように保全するかではなく、対日復讐戦の実行にあった（佐藤三郎『中国人の見た明治日本』一七八・一七九・一八五・一八六頁）。

人種論と文明論

明治以降の日本では、日本・アジア・西洋を区分する基準として「人種」と「文明」が大きな役割を果たした（山室信一「アジア認識の基軸」）。白人によるアジア植民地化の動きに黄色人種は連帯して対抗すべきであるという主張はアジア連帯論につながってゆく。こうしたアジア連帯論に対する烈しい反応も西洋から示された。「劣等黄色人種」たる日本人が西洋文明を取り入れ西洋列国と肩を並べるような存在になってしまえば、ヨーロッパの独自性や人種的優越性といった信念が崩壊してしまう危機感が抱かれたのである。

日清戦争での日本の勝利は、西洋諸国で抱かれた黄禍論《こうかろん》を強め、黄色人種が白人文明国に抵抗を始める前哨戦であると警戒された。それを裏づけるかのように、伊藤博文《いとうひろぶみ》の中国漫遊、上海総領事小田切萬壽之助《おだぎりますのすけ》の西太后《せいたいごう》内謁見、清皇帝使節の日本派遣、参謀本部東条英教《とうじょうひでのり》大佐の清軍巡視など日清接近現象が集中的に見られた。

こうした中、小松宮依仁親王《こまつのみやよりひとしんのう》が海軍士官として乗り組んでいた軍艦が大沽《ターク》沖に碇泊したことで騒ぎが巻き上がった。日清両国間に攻守同盟を結ぶ使命を親王が帯びている、同盟が結ばれれば日清両国は欧州に対抗する動きを始めるだろうと清駐在の西洋列国の外交官や居留民社会で噂が広まったのである（一八九九年七月二六日、青木宣純報告、一八九九年八月五日、太田八十馬報告、千代田四五五、四五六）。ロシア海軍では日本の対露開戦準備説が信じられそれが在露外交官の間でも広がるほどであった。日清同盟説は、ロシアをして日本脅威論を抱かせただけではなく、イギリスやアメリカでも日本の意図に対する警戒を呼び起こした。

明治政府首脳、特に長州系の政治家は日本の行動が西洋の黄禍論を刺激することに対して慎重であった。一八九九年、列国による蚕食を防ぐため光緒帝が日本との同盟を希望して特使を派遣しようとした。時の首相山県有朋《やまがたありとも》は、国際関係を人種ではなく文明対非文明の枠組みで捉え、日本が黄色人種の盟主となって白色人種に対抗するといった主張や日清同盟説を否定した（ジョージ・アキタ、伊藤隆「山県有朋と『人種競争』論」）。山県は清朝は滅亡すると予見し、日本の国力を踏まえて西洋列国との協調を追求した。山県は「人種の争」を避けることを重視し、清と提携して日本や清の独立を図ろうとするのは最も拙い策であると突き放した。

川上・参謀本部の清留学生教育に対し、どのような考えで清国人教育に従事しているのか知らないが、自分は反対だと山県が語ったのも（横山健堂『嘉納先生伝』一六〇頁）参謀本部系の人種戦争論に基づく過度の日清接近を不利と考えていたからであろう。

伊藤博文もヨーロッパで憲法調査を行っていた時、西洋列国が連合して人種と宗教を異にする東洋諸国を圧倒しようとする姿勢を実感した（『伊藤博文伝』中巻、三三七～三三九頁）。それでも日本が西洋諸国と不平等条約を改正できた理由は、居留外国人の生命財産などを適切に保護する司法制度を整備・運用し、人種や宗教のように両立困難な価値観の対立を避けて、経済的相互利益の増大や相互理解の進展を図ろうとしたからであった。それができるのが「文明」状態であったのである。

伊藤は、政府の能力に加えて外国人と相互協力できる国民の態度が関係諸国に認知されたから不平等条約改正が達成できたのだとも語っている。それは、人種や宗教の争いが前面に出た時代から利益の配分と交換を通じた調和可能な時代への転換を意味した。知識・経験・資本などを相互に交換しながら利益を共有し交誼を篤くすれば日本人と外国人は調和できるのであった（瀧井一博編『伊藤博文演説集』二六九・二八九・二九〇・三一四頁）。

こうした考えを有する伊藤にとって、大アジア主義（パンアジア主義）は国際関係を深く考えない軽率な論であり西洋人を誤解させ黄禍論を叫ばせるものに外ならなかったのである（橋川文三『新装版順逆の思想』一五三頁）。

参謀総長就任

川上の処遇と元帥府設置

一八九七年（明治三〇）秋、参謀総長小松宮彰仁親王《こまつのみやあきひとしんのう》は明治天皇に拝謁し、来る九州地方での陸軍演習が終われば川上次長に参謀総長職を譲る意向を示した。この年の一〇月に死去した西部都督山地元治《やまぢもとはる》の後任に黒木為楨《くろきためもと》近衛師団長を予定しているので、黒木と川上との権衡を保つためというのがその理由であった。

現役陸軍中将の序列は、佐久間佐馬太《さくまさまた》→山地元治→川上→桂→黒木の順（以下略）であった。都督は陸軍大（中）将から任命される天皇直属の役職であった。一方、参謀本部次長は、国務大臣のように親任官でもなければ参謀総長のような親補職でもなく、天皇直属の地位でもなかった。しかし、川上は黒木よりも陸軍中将としては三年以上も先任であった。黒木が川上参謀本部次長よりも格上の役職に就くことになって、両者の序列と役職の不均衡が波乱を呼び起こすことを総長宮が懸念したと思われる。

ところが、明治天皇は、皇族の親王が軍務に服するのは当然であるとして参謀総長を辞することは認め難いとした。小松宮が総長にとどまる限り川上の参謀総長就任はない。皇族男子は陸海軍に従事することになっている以上、宮が参謀総長職を退いても軍務に関わり続ける必要がある。そこで創設されたのが元帥《げんすい》制度であった。小松宮は、拝謁時に大将の上位に「マルシャルの官」を設け軍功抜群の将官を任じる考えを披瀝していた（『明治天皇紀』九巻、三二〇・三二一頁）。元帥に天皇の軍務を常時補弼する役割を与えることで皇族の軍務従事を継続し、川上に参謀総長就任の途を開こうとしたのである。しかし、直ちにこれが実現したわけではない。

参謀総長就任と陸軍大将昇進

一八九七年一二月二八日、伊藤博文に内閣組織の思召しが伝えられた。伊藤は閣僚人事案を上奏する。陸相には桂を予定し、海相には西郷従道《さいごうじゅうどう》の留任を求めて交渉中であること、台湾総督には児玉源太郎《こだまげんたろう》陸軍中将、宮内大臣には土方久元《ひじかたひさもと》に変えて井上馨《いのうえかおる》とすることなどである。天皇は、宮内大臣と参謀総長は今交代させる必要はない、後日行えばよいという意思を示した（村瀬信一『明治立憲制と内閣』一二三四頁、『明治天皇紀』九巻、三六六頁）。天皇は宮内大臣に井上馨が就くことを拒否した事になるが、後継首相予定の伊藤が参謀総長人事にかかわっていたことは興味深い。

一八九八年一月一九日に懸案となっていた元帥府が設置された。陸海軍大将の中で老功卓抜な者を選んで天皇の軍務上の顧問とする事が目的とされ、翌日に山県有朋・小松宮彰仁親王・大山巌《おおやまいわお》・西郷従道が元帥に任ぜられた。これと同日付の人事で、川上は参謀総長に任じられ、九月二八日には佐久間佐馬太・桂太郎《かつらたろう》とともに陸軍大将に昇進した。元帥府設置は川上の参謀総長就任と関係があるのではないかと記す原敬《はらたかし》の観察は正しかった（『原敬日記』第一巻、二七四頁）。

政党政治への反感

第三次伊藤内閣は、一八九九年度に約四〇〇〇万円の財政赤字が見込まれるとして増税計画を立てたが、自由・進歩両党が否決した。この後、自由党と進歩党が合同して憲政党が成立し、大隈重信《おおくましげのぶ》が首相に就いた。大隈率いる進歩党は財政赤字対策として軍備拡張計画の繰り延べや縮小を主張していた。

川上は、軍備拡張計画を完遂するため、桂陸相と西郷海相を辞職させて後任の陸海軍大臣銓衡問題を利用して政党内閣を破壊しようと考えた（小林道彦『桂太郎』一一〇頁）。桂太郎は、倒閣という手段ではなく、陸軍大臣に留任して大隈首相に軍備拡張計画の財政的手当を約束させ北海道防備の必要性を受け容れさせる方法をとった（『公爵桂太郎伝』乾、七九四・七九五頁）。

川上の政党内閣への反発は尾崎行雄《おざきゆきお》文相の発言で増幅された。尾崎は、陸軍幼年学校を文部省の管轄に移す考えを示した。「政党屋」が天皇の軍隊を「民衆の軍隊」に変え、「政党屋の自由」に使える「道具」にしようとしているのではないか。こうした見方に基づき川上は田中光顕《たなかみつあき》宮内大臣に対して尾崎文相罷免に向けて動くよう求め、桂陸相も自由党系と進歩党系を離間させるべく板垣退助《いたがきたいすけ》内相に働きかけた（野邑理栄子『陸軍幼年学校体制の研究』一〇六・一〇七・一一九・一三〇頁）。板垣が尾崎の共和演説を弾劾《だんがい》上奏し、尾崎は辞表を提出する。後任人事をめぐって板垣・旧自由党系と大隈・進歩党系の対立が激化し、両派は分裂し憲政党は解党し政党内閣は倒れた。

政府が財政的観点から軍拡計画の修正に動こうとした時、参謀本部は激烈な反発をした。宇都宮太郎は、陸海軍は決して現内閣のものではなく、軍備拡張は国家の将来のために案出されたものであるのでその縮小や繰り延べは、「逆賊」「親殺」と同様、決して許されるものではないと大隈に書き送っている（『大隈重信関係文書』第二巻、一六一頁）。佐賀出身という同郷意識があったにせよ、年齢差二〇以上もある総理大臣に対して一介の若手陸軍大尉がこうまで一方的で乱暴な態度を示している。川上の政党政治破壊運動が内部にも影響したのかもしれない。

師団編制縮小

一八九九年（明治三二）、陸軍は、師団編制の改正を行う（表13）。歩兵人員を減らし、野戦砲兵連隊の編制をもとの六中隊三六門に戻し、騎兵や野戦砲兵部隊を抽出して別途騎兵旅団と砲兵旅団を編成し、機動性と火力の集中運用を重視する方向に転換した。

一八九七年に制定された戦時師団編制は、極東の地で運用するには規模が大き過ぎた（「団隊編制改正理由書」編制三六四、参謀本部「明治三二年度改正検討作業（理由書）」編成三六九）。極東の地形は、平地が開け道路や鉄道網が発達している西欧とは違っている。山がちで未開地や水田・灌漑用水路や小川も多く、道路も整備されず鉄道も敷設されていない。このため軍隊の行軍は大きく制約される。

日清戦争前の段階で定められていた戦時師団の野戦隊（野戦師団に相当する部分と兵站諸部隊）は人員約一万九〇〇〇人・馬匹約五七〇〇の規模だった。これが日清戦後軍拡では、野戦一師団の人員は約二万三〇〇〇人・馬匹約六六〇〇と増大し、兵站諸部隊を含めばさらに膨れあがった。結果として、野戦隊の先頭から輜重隊最後尾までの行軍長径が大幅に延びてしまった。

そこで、戦略単位として師団戦闘力を維持しながら現実的運用を考えて、過大な人員を抱える歩兵編制を改め人員を削減し、師団規模を縮小する必要が生じた。師団編制は、戦闘の主力とされた歩兵定員数に応じて騎兵や野戦砲兵の数量が決定され、それに連動して兵站《へいたん》部隊も規定される。師団の歩兵を減少させれば騎兵砲兵も縮小することになる。各師団で捻出した分が騎兵旅団（二個）と砲兵旅団（二個）の新設と北海道第七師団拡張に振り変えられた（編制三六四、「極秘　第六号　戦時及平時団隊編制改正要領・理由書」編制三六九）。野戦砲兵連隊は野砲山砲の混合編制から野戦砲兵と山砲砲兵の師団に分けられるこ

明治32年改正
２旅団（４連隊）
１連隊（12中隊）1,785人
甲連隊（５中隊）733人　乙連隊（３中隊）503人
１連隊（野砲６中隊）793人　（山砲６中隊）883人
１大隊（３中隊）554人
甲大隊（２中隊）877人　乙大隊（２中隊）759人
明治32年10月改正
18,160人　18,313人
２旅団（４連隊）11,714人
甲連隊（４中隊）724人　乙連隊（３中隊）519人
野砲兵連隊（６中隊）1,190人　山砲兵連隊（６中隊）1,369人
大隊788人
甲大隊1,530人　乙大隊1,498人
345人
741人
487人
６個624人
（193人）

は編制332．戦時編制は「戦時１師団人馬一覧表」の明治26年
一覧表」明治32年９月調（編制497）より作成．
の戦争』（原書房，1982年）で補った．

表13　陸軍師団の平時編制と戦時編制

平時編制	明治26年	明治29年３月
１師団		
歩兵	２旅団（４連隊）	２旅団（４連隊）
連隊	１連隊（12中隊）1,730人	１連隊（12中隊）1,970人
騎兵	１大隊（３中隊）514人	１連隊（５中隊）752人
野戦砲兵	１連隊（６中隊）737人	１連隊（９中隊）1,223人
工兵	１大隊（３中隊）410人	１大隊（３中隊）544人
輜重兵	１大隊（２中隊）614人	１大隊（２中隊）755人
戦時編制	**明治26年**	**明治30年改正**
１師団	18,606人	22,903人
歩兵	２旅団（４連隊）11,612人	２旅団（４連隊）13,784人
騎兵	大隊509人	連隊（４中隊）858人
野戦砲兵	連隊（６中隊）1,267人	連隊（９中隊）1,951人
工兵	大隊（３中隊）523人	大隊（３中隊）788人
輜重兵	大隊1,328人	大隊1,971人
大小架橋縦列	456人	345人
弾薬大隊	1,508人	1,394人
衛生隊	416人	730人
野戦病院	６個696人	６個630人
野戦電信隊	117人	193人

（出典）　平時編制の明治26年は千代田542，明治29年は千代田543，明治3
12月調（千代田599），明治31年１月調（編制497），「戦時諸部隊人
明治32年の騎兵甲連隊の戦時編制は，桑田悦・前原透編著『日

とになった（第七師団は混合編制）。

第七師団拡張は、対露防禦策であった。ロシアの対日作戦は、まず北海道を攻略しこれを根拠地として本州侵攻に向かうと想定された。ロシアは北海道の石炭を狙ってくると考

えられたからである（編成三六八）。制海権がロシア側に握られれば、本州から北海道へ支援を送り込むことができない。北海道の兵はロシア軍に対して専ら防禦の位置に立つことになる。こうして、第七師団の司令部は海岸近くの箱館や札幌でなく内陸の旭川に設置されることになった。

以上のような編制改正は、参謀本部が改正案を起案し陸軍省と協議を重ね、成案を得て川上参謀総長と桂陸相が連署上奏を行い、元帥府への諮詢と奉答をうけて裁可された（一八九九年八月八日）。

参謀本部組織改正

戦後軍拡に関するもう一つの修正点は、参謀本部の組織の中で作戦と情報部門をどのように関連づけるかという問題にかかわっていた。管掌地域を分割して地域ごとに作戦と情報を統合する方式をとるのか、それとも、地域を区分せず作戦や情報など機能別担当部門を設ける方式をとるのか、明治期の参謀本部は二つの方式をめぐって改革を繰り返していた。

参謀本部が発足した一八七八年から八五年までは、情報収集と作戦計画立案を一体化した上で管東局（樺太《からふと》・カムチャッカ・シベリア）と管西局（朝鮮から清沿岸）に分ける体制をとった（参謀本部条例第八・九条）。日清戦後の参謀本部では二局体制から四部体制へと組織拡充が図られ、第一部（作戦）、第二部（動員、編制）、第三部（情報）、第四部（運輸）となった。

作戦と情報を分離する組織編成は参謀本部条例改正（一八九九年一月一四日）によって大きく変化し、作戦と情報は統合されることになる。「参謀本部各部分任規則」（一八九八年一二月）は、参謀本部条例改正の際に特に天皇に承認を請うて許しを得たもので、川上の強い意志が込められている。この分任規則は機密事項とされ、参謀本部の内部組織を知ることができないようにした。防諜対策の一環であった。

改正参謀本部条例によると、国防および用兵の計画を掌る参謀本部の主務は、国内外の軍事、地理及び運輸交通等を調査すること、大本営及び高等司令部枢要の機関に充てるべき参謀将校を養成することであった。各部の分担業務は、総務部が人事・経理・編制・動員・戦時規則など、第一部は近衛・第一・二・三・七・八・九師団とロシア・朝鮮・満州を、第二部は第四・五・六・一〇・一一・一二師団と台湾・清、第三部は運輸交通、第四部は戦史・兵要地誌・翻訳、第五部は要塞であった。他の欧州諸国とその植民地やアジア・アフリカ・アメリカ諸国の情報も第一部と第二部が分担する。そして、国防計画上重要な件を三都督・参謀本部次長・参謀本部各部長・陸軍省軍務局長を議員とする軍事会議で審議することにした（「参謀本部歴史草案」明治三〇～三一年）。国防計画における参謀本部の主導性を確保する仕組みを川上は遺しておこうとしたものと思われる。

作戦と情報の両部門を統合した組織編成で参謀本部は日露戦争を迎えることになる。しかし、担当区域を地理的に分割したことは実情に合わず業務の円滑な遂行を妨げるという批判もあり、日露戦争での実情も踏まえて戦後には改めて作戦と情報を分割する機能別任務分担制に戻している。

病気と死去

一八九八年（明治三一）一月に参謀総長に就く前から川上は健康状態が悪化していた。しかし、陸軍拡張問題があって静養することも思うに任せなかった。総長に就任した頃には病状も小康状態になり、参謀本部次長人事に着手する。児玉源太郎、寺内正毅《てらうちまさたけ》、小川又次《おがわまたじ》などが候補者として上がったが、破壊的手腕の人物を避け、川上の意図に反しない、少くとも川上の事業を傷つけないという基準で人物を求めた結果、陸軍少将大迫尚敏《おおさこなおとし》が選ばれた（『川上将軍』一五四頁）。

この年一一月には大阪（摂津・和泉）での陸軍特別大演習が行われた。明治天皇も東京を発し大阪城内にある中部都督部を大阪大本営に充て大演習を統監した。演習は北軍（佐久間大将率いる第三・九師団）と南軍（奥保鞏《おくやすかた》中将率いる第四・一〇師団）による初めての軍対抗演習であった。川上は、病を押して特別大演習に向かい、参謀総長として大迫次長以下の参謀本部員とともに秋季特別演習の大本営統監部員となる。初めて実施する軍対抗演習なのでうまくゆかないところがあったようである。それもある意味仕方ないことであった。川上は将来の戦争は軍隊運動がますます迅速となり兵数もますます多くなるに違いないと指摘し、各級指揮官に対して軍事技術の発展に遅れをとらぬよういっそうの努力を求める講評を行った（『明治軍事史』下、一〇三二頁）。

病を押して大演習に参加した川上であったが、帰京後、病状が重くなり数ヶ月間寝込んでしまった。川上は心臓病をかかえていたのである。一八九九年三月二二日には一時危篤となり、五月一一日に卒した。

後任参謀総長には大山巌が就任するが、次長候補に寺内正毅中将の名があがった。福島安正大佐（参謀本部第二部長）は山県元帥に対して、寺内次長では参謀本部内に変動を来す恐れがあるとして反対し、広く意見を容れる大迫次長の留任を求めたがかなわなかった。結局、寺内が次長に就任し、以降、川上派とされる人物は参謀本部から遠ざけられることになる。

陸軍非主流派の始祖としての川上操六——エピローグ

近代的軍備を持たなければ民族的独立は達成できず、西洋列国の植民地になってしまうかもしれない。そのような時代に川上《かわかみ》操六《そうろく》は陸軍軍人として生きた。

川上が活躍するのは、草創期を経た明治陸軍が、組織拡張と軍事専門性の高度化を図り、近代的陸軍として世界水準に追いつくことを目指していた時期であり、およそ一八八〇年（明治一三）からの二〇年間である。この間、陸軍の次世代のリーダー候補として川上はスピード出世を果たし、一〇年の長きにわたって参謀本部を拠点に力を蓄え、陸軍大将・参謀総長に上り詰めた。

長州（山口）や薩摩（鹿児島）出身者がはばを利かせた明治陸軍にあって、薩摩出身の川上は藩閥にとらわれず能力主義的人事によって人材を集め、国防・作戦計画を立案する参謀本部を陸軍の中枢機関の一つとして確立した。川上は、アジア・欧州諸国に将校を派遣し情報を収集するだけでなく、自ら朝鮮・中国・台湾・東南アジア・東部シベリアなども視察し、陸軍演習や参謀演習旅行などを通じて国防・作戦計画を整備していった。近代日本における初の対外戦争である日清戦争に勝利した理由の一つは、軍事的近代化が進展していたからであり、その一翼を担ったのが川上であり参謀本部であった。

川上の名前は、日清戦争と分かちがたく結びつけられ、同時に、いくつもの俗説によって彩られてきた。その顕著な一例が、清の朝鮮出兵を奇貨として、川上参謀本部次長が伊《い》藤博文《とうひろぶみ》総理大臣を騙して大規模な出兵を行い対清戦争のきっかけを作ったという謀略説である。

帝国主義国家日本の発展をたたえる論者は、開戦を主導し軍事的成功を導き帝国日本へと飛躍するきっかけをつくった立役者として川上を評価した。他方で、侵略戦争と帝国主義外交を否定する観点に立つ歴史研究は、統帥権を濫用し戦争を通じて国家の進路を引きずった昭和軍国主義の先駆者とでも言うべき川上像を提示した。

長らく流布してきた川上陰謀説は成り立たないことが今日明らかになっている。歴史研究における二つの川上像は、特定の評価基準に基づいて事実とは言いがたい歴史像を再生産してきたことを示している。本書では、こうした誤解を正してゆく事に努めた。

朝鮮出兵決定から開戦までは、政府（伊藤総理）主導で軍（川上参謀本部次長）の出兵と行動を規制し続け、軍も外交交渉が継続している段階では政府方針に従っていた。川上は大本営陸軍上席参謀として出兵以降の陸軍作戦を実質的に指導していたが、外交と戦略的利益との矛盾の中で、政府からは抑えつけられ部下の参謀からは突き上げられる板挟みになりながら困難な指導を行った。

開戦後も川上の苦悩は尽きなかった。大本営陸軍部で検討された作戦案は皇族の参謀総長が明治天皇に説明し、天皇の承認を得て参謀総長から戦地の司令官に命令を伝達する。この時、現場の司令官は独自の意見をもって大本営の訓令を批判する事態も生じた。川上は、天皇の命令にも反論する大先輩にあたる指揮官を何とかして大本営の方針に従わせ作戦計画の大枠を維持すべく苦労を重ねることになる。

川上によって統一性が確保された作戦指導の成果を利用して戦争終結・講和に結びつけたのが政治（家）であった。川上は直隷決戦・北京攻略を目標にして作戦指導を行った。しかし、北京攻略という軍事的成功は、清朝を崩壊させ、日本に有利な講和条約を結び履行させるという政治的勝利に結びつかない。川上の作戦指導は伊藤総理の戦争指導があって初めて意味を持った。昭和期になるとこうした歴史を知らない責任感を欠如させた総理大臣とそうした歴史を否定しようとする軍部が日本を戦争の泥沼に引きずり込むことになる。

日清戦後、川上と参謀本部は、軍事を中心とした対外政策を唱え、西洋列国の跋扈を抑えるため日本を盟主とする対清提携関係（大アジア主義）の構築を目指した。それは、ロシアへの軍事的対抗を前提とした軍備拡張政策と密接な関係を有し、白人に対する黄色人種としての共通性に基づく提携論を内包していたところに特徴があった。人種と文明のどちらを基準にしてアジアや西洋に向き合うのか。川上や民間のアジア主義団体は人種競争論を抱き、長州閥を中核とする陸軍主流派の総帥山県有朋《やまがたありとも》や元老政治家伊藤博文《いとうひろぶみ》らは文明を基準に日本の進路を定めようとしていた。

川上が参謀本部に依拠して展開した陸軍長州閥への対抗と能力主義的人事、積極的大陸政策、反政党政治志向は、大正期に上原勇作《うえはらゆうさく》を指導者とする参謀本部に引き継がれる（北岡伸一『日本陸軍と大陸政策』一五三〜一五六頁）。それからさらに降った昭和期、松井石根《まついいわね》（陸軍大将）は、川上がアジア主義的大陸政策の原型を形づくったとし、自らをその系譜に位置づけ上海派遣軍司令官としての歴史的役割を確認しようとした（松浦正孝『「大東亜戦争」はなぜ起きたのか』五〇五〜五〇八・五九〇頁）。

一般的にはその名が忘れられた川上は、このような意味で大正・昭和の陸軍に生き続けていたのである。

あとがき

陸軍大将・参謀総長の地位にまで昇った明治の軍人・川上操六を主人公に、陸軍の近代化、日清戦争・戦後軍拡や朝鮮・ロシア・清との関係などを織り込みながら明治中期の軍事史・外交史を描いたものが本書である。時期的には日清戦争を間にして戦前と戦後の三つに分けることができる。

戦前期では、陸軍の薩長藩閥提携と能力主義的人事のもとで出世の階段を上り始めた川上が、参謀本部という組織を通じて自己の地位を固めてゆく様子を明らかにした。叙述の半分を占めるのが日清戦争である。川上が陸奥宗光外相とともに伊藤博文総理大臣を騙して、朝鮮出兵を機に対清戦争を惹き起すべく謀議を凝らしたとする俗説が流布するが、この陰謀説を知る読者にとって本書の記述は意外に感じられるだろう。また、戦争を扱いながら、戦闘場面は出てこない。出てくるのは、兵站・作戦指導・戦時国際法、そして戦争指導といった話である。戦後では、講和に干渉したロシア、そして清・朝鮮のロシア利用に川上や参謀本部がどのように対応したのかを扱った。

いずれの部分にもできるだけ新味のある記述を心がけたが、それがどこまで成功しているかは読者の判断に委ねたい。

本書はもともと川上の伝記として構想された。資料館でカンを頼りに簿冊を請求し一通り目を通して複写請求を行い、コピーを読み返してメモを蓄えていった。官庁で作成された公文書などを篩《ふるい》にかけそれを更に選《よ》り分けそこから有益な情報を拾い上げる作業は、宝探しにも似た期待と興奮と徒労感のないまぜであった。

『征清用兵　隔壁聴談』を始めとする日清戦争に関する新史料を利用できるようになったことは、本当に幸運であった。そこで得られた諸情報によって、新たな川上像・日清戦争像を思い浮かべることができるようになった。準備に時間がかかったが、ようやく二〇一七年早春から下書きに着手した。書き進める内に、川上の考えや行動だけでなく、時代背景や政治状況とのかかわりで川上を位置づける記述が増えていった。断続的に書き継いだ草稿は膨れあがり、構成を見直し記述の削除を繰り返して何とか現在の形に落ち着いた。

吉川弘文館の斎藤信子さんには原稿作成段階から種々助言を受け、『歴史文化ライブラリー』の一冊として出版できるよう導いていただいた。また、伊藤俊之氏には本書の編集を担当していただくとともに、画像や地図、そして図表の作成にお世話になった。お礼申し上げる。

末筆となったが、本研究を進めるなかで二〇一四・一五両年度にわたり熊本大学法学部特別研究費を受けることができた。遅すぎる成果報告となったことをお詫びするとともに、関係各位に謝意を表したい。

二〇一八年晩秋、五高記念館復旧工事を眺めつつ

大澤博明

史料・参考文献

＊本書で直接引用したものに限り掲載。なお、引用文はかなづかいを変え、当用漢字を用い、句読点を補ったところがある。

〔未刊行史料〕

＊東アジア歴史資料館では、外務省外交史料館・防衛省防衛研究所戦史研究センター・国立公文書館などが所蔵する史料が公開されており、インターネット上で閲覧することができる。引用史料の記載は紙幅の関係で簿冊番号を以て代えたところがある。

外務省外交史料館

「外務省記録」MT・3・9・3・20-1、MT・5・1・1・14、MT・5・1・3・18、MT・5・1・10・4-1、MT・5・1・10・7-1、MT・5・2・2・1、MT・5・3・2・5、MT・5・3・2・10

＊「MT」は明治大正期を意味し、門・類・項・号の分類番号を示し件名は省略した。詳細は、外務省外交史料館編『外交史料館所蔵外務省記録総目録［戦前期］』第一巻（原書房、一九九二年）を見られたい。

国立公文書館

「公文録」2A-10-公三四一〇、四〇六八（簿冊名は省略した）

防衛省防衛研究所戦史研究センター

大本営副官部「命令訓令」（明治二七年六月〜二八年六月）、「発電綴」、「諸表面」

大本営陸軍参謀部「混成第九旅団　第五師団　報告」（＊「9MB5D報告」と表記）

兵站総監部：南部兵站監部「陣中日誌」（明治二七年一〇月〜一一月）、「南部兵站監部日誌」（明治二七年一一月・一二月）

参謀本部「大日記」、「参謀本部歴史草案」、「参謀本部職員一覧表原稿」（明治一四〜二九年）

陸軍省「密大日記」、「弐大日記」（明治二三年一一月）、「編冊」（明治二六年）、「密事簿」、「廿七八年戦役　戦況及情報」（＊「戦況及情報」と表記）、「秘廿七八年戦後　諸報告」一（明治二七年六月〜一〇月）（＊「諸報告」と表記）、「廿七八年日清朝事件　諸状報綴」一（＊「諸状報綴」と表記）、「雑諸表綴」（明治二九—三二年）、「廿七八年戦役日記」（明治二八年九月）、「明治廿八年八月以降情報綴」（＊「情報綴」と表記）

編成：中央—軍事行政編制—三三二、三五二、三六四、三六八、三六九、四九七（簿冊名は省略した）

停年名簿：「陸軍現役将校同相当官実役停年名簿」中央—軍事行政・停年名簿—一、四、五、九

千代田：文庫—千代田史料—三、七七、四二一、四二二、四二三、四五五、四五六、四七二、四八四、四九〇、四九二、四九三、五四二、五四三、五九九、七五五、八〇四、八一三、九七〇、九七四、一〇三八—二（簿冊名は省略した）

門外生編述『征清用兵　隔壁聴談』

谷壽夫（歩兵大佐）述「日清戦史講義摘要録」

陸軍大学校図書（一二三二）：田健次郎「日清及日露戦役当時に於ける交通通信に関する経歴談」
大本営海軍大臣副官部：「海軍命令」、「陸軍報告」
海軍省「明治二十七八年　戦史編纂準備書類」（＊「戦史編纂準備書類」と表記、この内「戦史編纂準備書類（大本営の命令　海軍　陸軍　附関係要件）」は「準備書類 大本営の命令」と表記）
常備艦隊司令長官「旗密書類綴」
連合艦隊司令長官「朝鮮国派遣中特別書類」
海千代田：⑨その他—千代田—八六、一七二
＊千代田史料は、史料閲覧室公開史料目録で登録番号・史料名を確認することができる。

福島県立図書館佐藤文庫

参謀本部「日清戦争」第三草案
参謀本部「明治二十七八年日清戦史 決定草案」（＊「日清戦史決定草案」と表記）

宮内公文書館

侍従武官「日清戦争陣中日誌」
「池野忠吉所蔵文書」
「東西伯利行報告」一～五号（三号欠）

国立国会図書館憲政資料室

「井上馨文書」

「川上操六文書」
「樺山資紀文書」第二期
「憲政史編纂会収集文書　井上侯爵家所蔵文書」（＊「井上侯爵家文書」と表記）
「憲政史編纂会収集文書　伊東伯爵家所蔵文書」（＊「伊東伯爵家文書」と表記）
「野津道貫関係文書」
「陸奥宗光関係文書」
「山県有朋伝記編纂史料」（＊「山県伝記資料」と表記）

東京大学図書館
「大山陸軍卿欧洲巡視日録」第一～二〇報

その他
安岡昭男・長井純市「田中光顕関係文書紹介」一～一三（続）（法政大学）『文学部紀要』五二～六五号（二〇〇六～一二年）
『偕行社記事』
「支那の兵事」（西村千里砲兵大尉訳）（四六号、一八九〇年）、「ピエール・ルオークール氏の著述にかかる大日本帝国陸海軍記事幷に批評結論部分の抄訳」（一〇六号、一八九三年）、「英国陸海軍雑誌抄訳」（一二二号、一八九三年）、古海巖潮「東部西比利視察の思出」（七二六号、一九三五年）、尾野実信「日露戦役の体験と他の戦役事変との比較」（七二六号、一九三五年）、細川保幸「野津元帥」（2）（七四七号、一九三六年）

『水交社記事』
金子堅太郎訳「海上の権力に関する要素」（三七号、一八九三年）、東方協会訳「海上権力の要素」（四〇〜四三号、一八九三・九四年）
博文館編『日清戦争実記』（博文館、一八九四〜九六年）
『自由新聞』（信夫清三郎、林茂監修、三一書房、一九七二年復刻）、『読売新聞』（ヨミダス歴史館、オンライン版）、『郵便報知新聞』（郵便報知新聞刊行会編、柏書房、一九八九年復刻）、『東京日日新聞』

〔刊行史料〕
川上操六関係史料
川上操六『印度支那視察大要』（一八九七年）
鈴木栄治郎編『川上将軍』（金港堂書籍、一九〇四年）
徳富猪一郎編述『陸軍大将川上操六』（第一公論社、一九四二年）
その他の史料
伊藤博文関係文書研究会編『伊藤博文関係文書』（塙書房、一九七三〜八一年）
伊藤博文文書研究会監修『伊藤博文文書』（ゆまに書房、二〇〇三〜一五年）
稲葉正夫編『大本営』（『現代史資料』三七、みすず書房、一九六七年）
宇都宮太郎関係資料研究会編『日本陸軍とアジア政策—陸軍大将宇都宮太郎日記』（岩波書店、二〇〇七年）（＊『宇都宮太郎日記』と表記）

大山梓編『山県有朋意見書』（原書房、一九六六年）
海軍軍令部編『廿七八年海戦史』（春陽堂、一九〇五年）（＊『海戦史』と表記）
海軍大臣官房編『山本権兵衛と海軍』（原書房、一九六六年）
外務省編『日本外交文書』（巌南堂書店、復刻一九九三年～）
宮内省臨時帝室編修局編修『明治天皇紀』（吉川弘文館、一九六八～七七年）
慶応義塾編纂『福澤諭吉全集』（岩波書店、一九五八～七一年）
参謀本部編『明治廿七八年日清戦史』（東京印刷株式会社、一九〇四～〇七年）（＊『日清戦史』と表記）
尚友倶楽部児玉源太郎関係文書編集委員会編『児玉源太郎関係文書』（尚友倶楽部、二〇一四年）
瀧井一博編『伊藤博文演説集』（『講談社学術文庫』二〇六三、講談社、二〇一一年）
千葉功編『桂太郎発書翰集』（東京大学出版会、二〇一一年）
日本史籍協会編『熾仁親王日記』（東京大学出版会、一九七六年復刻）
野津道貫『欧米巡回日誌』（広島鎮台文庫、一八八六年、のち『明治欧米見聞録集成』第四巻、ゆまに書房、一九八七年）
イザベラ・バード（朴尚得訳）『朝鮮奥地紀行』（『東洋文庫』五七二・五七三、平凡社、一九九三・九四年）
原奎一郎編『原敬日記』（福村出版、一九八一年）
原敬訳註『陸戦公法』（報行社、一八九四年）
原敬文書研究会編『原敬関係文書』（日本放送出版協会、一九八四～八九年）

樋口雄彦編『海軍諜報員になった旧幕臣—海軍少将安原金次自伝』（芙蓉書房出版、二〇一一年）
檜山幸夫・東山京子編著『明石元二郎関係資料』（中京大学社会科学研究所、二〇一〇年）
広島県庁編『広島臨戦地日誌』（渓水社、一九八四年復刻）
明治期外交資料研究会編『日清講和関係調書集』（クレス出版、一九九四年）
森　鷗外『独逸日記　小倉日記』（『ちくま文庫　森鷗外全集一三』、筑摩書房、一九九六年）
依田学海著・学海日録研究会編『学海日録』（岩波書店、一九九〇〜九三年）
陸軍省編『明治軍事史』（原書房、一九六六年）
早稲田大学大学史資料センター編『大隈重信関係文書』（みすず書房、二〇〇四〜一五年）
『統帥綱領・統帥参考』（偕行社、一九六二年）
BDFA:Ian Nish, ed., *British Documents on Foreign Affairs, Part1, Series E, Asia*, University Publications of America, 1989.

〔伝記・自叙伝・回顧録〕
石黒忠悳『懐旧九十年』（『岩波文庫』、岩波書店、一九八三年）
井上雅二『巨人荒尾精』（大空社、一九九七年復刻）
宇野俊一校注『桂太郎自伝』（『東洋文庫』五六三、平凡社、一九九三年）
黒田甲子郎『奥元帥伝』（国民社、一九三三年）
黒龍会編『東亜先覚志士記伝』（原書房、一九六六年復刻）

元帥上原勇作傳記編纂委員会編『元帥上原勇作傳』（元帥上原勇作傳記刊行会、一九三七年）
河野磐州伝編纂会編『河野磐州伝』（河野磐州伝記刊行会、一九二三年）
春畝公追頌会『伊藤博文傳』（春畝公追頌会、一九四〇年）
東亜同文会編『対支回顧録』（原書房、一九六八年復刻）
東亜同文書院滬友同窓会編『山洲根津先生伝』（大空社、一九九七年復刻）
杉村　濬『明治廿七八年在韓苦心録』（杉村陽太郎、一九三二年）（＊『在韓苦心録』と表記）
徳富猪一郎『蘇峰自伝』（中央公論社、一九三五年）
徳富猪一郎『蘇翁夢物語―わが交友録』（『中公文庫』、中央公論社、一九九〇年復刻
徳富猪一郎編述『公爵桂太郎傳』（故桂公爵記念事業会、一九一七年）
徳富蘇峰編述『公爵山県有朋伝』（原書房、一九六九年復刻
長岡外史『新日本の鹿島立』（小林川流堂、一九二〇年）
奈良武次著、波多野澄雄・黒澤文貴編『侍従武官長奈良武次日記・回顧録』（柏書房、二〇〇〇年）
長谷川如是閑『ある心の自叙伝』（筑摩書房、一九六八年）
陸奥宗光（中塚明校注）『新訂版蹇蹇録』（『岩波文庫』、岩波書店、一九八三年）
由井正臣校注『後は昔の記他―林董回顧録』（『東洋文庫』一七三、平凡社、一九七〇年）

〔研究論文〕
ジョージ・アキタ、伊藤隆「山県有朋と『人種競争』論」（近代日本研究会編『年報・近代日本研究』

七、山川出版社、一九八五年）
大江洋代「日清・日露戦争を通じて進んだ日本陸軍の『新陳代謝』」（『大日本帝国の興亡二「一等国」への道』、学研パブリッシング、二〇一一年）
大里浩秋「宗方小太郎日記、明治26～29年」（『（神奈川大学）人文学研究所報』四一号、二〇〇八年）
大島明子「御親兵の解隊と征韓論政変」（犬塚孝明編『明治国家の政策と思想』、吉川弘文館、二〇〇五年）
柏木一朗「日本統治下の台湾と軍隊」（阿部猛・田村貞雄編『明治期日本の光と影』、同成社、二〇〇八年）
姜　孝　叔「第二次東学農民戦争と日清戦争」（『歴史学研究』七六二号、二〇〇二年）
小林和幸「山県有朋の国際認識」（伊藤隆編『山県有朋と近代日本』、吉川弘文館、二〇〇八年）
近藤正己「徴兵令はなぜ海を越えなかったのか？」（浅野豊美・松田利彦編『植民地帝国日本の法的構造』、信山社出版、二〇〇四年）
佐々木雄一「政治指導者の国際秩序観と対外政策」（『国家学会雑誌』一二七巻一一・一二号、二〇一四年）
佐藤三郎「日清戦争が清国人心に及ぼした影響について」（東アジア近代史学会編『日清戦争と東アジア世界の変容』上巻、ゆまに書房、一九九七年）
愼　蒼　宇「韓国軍人の抗日蜂起と『韓国併合』」（『思想』一〇二九号、二〇一〇年）
愼　蒼　宇「朝鮮半島の『内戦』と日本の植民地支配」（『歴史学研究』八八五号、二〇一一年）

田保橋潔「近代朝鮮に於ける政治的改革」（朝鮮史編集会編『近代朝鮮史研究』、朝鮮総督府、一九四四年）
趙　景　達「崔時亨と全琫準」（趙景達ほか編『講座東アジアの知識人』第一巻、有志舎、二〇一三年）
中津匡哉「初代駐日フランス公使館附武官ブグアンの日本での活動」（『軍事史学』五二巻二号、二〇一六年）
深町英夫「師か？敵か？」貴志俊彦ほか編『模索する近代日中関係史』（東京大学出版会、二〇〇九年）
宮城由美子「成城学校と中国人留学生についての一考察」（『佛教大学大学院紀要』三五号、二〇〇七年）
山室信一「アジア認識の基軸」（古屋哲夫編『近代日本のアジア認識』、京都大学人文科学研究所、一九九四年）
横井和彦・高明珠「中国清末における留学生派遣政策の展開」（同志社大学『経済学論叢』六四巻一号、二〇一二年）
李　榮　薫「民族史から文明史への転換のために」（宮嶋博史ほか編『植民地近代の視座』、岩波書店、二〇〇四年）

〔研究書〕

エーリッヒ・アイク（吉田徹也・新妻篤ほか訳）『ビスマルク伝』（ぺりかん社、一九九三～九九年）
麻田雅文『中東鉄道経営史』（名古屋大学出版会、二〇一二年）

有賀長雄編『萬国戦時公法　陸戦条規』（陸軍大学校、一八九四年）
有賀長雄『日清戦役国際法論』（陸軍大学校、一八九六年）
伊藤政之助『世界戦争史』（原書房、一九八四〜八五年復刻）
入江啓四郎『中国古典と国際法』（成文堂、一九六六年）
老川慶喜『近代日本の鉄道構想』（日本経済評論社、二〇〇八年）
王芸生（長野勲・波多野乾一編訳）『日支外交六十年史』（建設社、一九三三〜三六年）
大澤博明『近代日本の東アジア政策と軍事』（成文堂、二〇〇一年）
尾佐竹猛『幕末遣外使節物語』（『講談社学術文庫』九〇七、講談社、一九八九年）
笠谷和比古『主君「押込」の構造』（『平凡社選書』一一九、平凡社、一九八八年）
片岡徹也編著『戦略論大系③　モルトケ』（芙蓉書房出版、二〇〇二年）
加藤陽子『徴兵制と近代日本 1868-1945』（吉川弘文館、一九九六年）
川崎三郎『日清戦史』（博文館、一八九六・九七年）
川崎三郎『増訂西南戦史』（博文館、一九〇〇年）
ジョン・キーガン（井上堯裕訳）『戦争と人間の歴史』（刀水書房、二〇〇〇年）
菊池謙譲『近代朝鮮史』（大陸研究所、一九三七年）
北岡伸一『日本陸軍と大陸政策』（東京大学出版会、一九七八年）
木下隆男『評伝尹致昊』（明石書店、二〇一七年）
金　文子『朝鮮王妃殺害と日本人』（高文研、二〇〇九年）

木村　幹『高宗・閔妃』（『ミネルヴァ日本評伝選』、ミネルヴァ書房、二〇〇七年）
木村　幹『近代韓国のナショナリズム』（ナカニシヤ出版、二〇〇九年）
金学俊（金容権訳）『西洋人の見た朝鮮』（山川出版社、二〇一四年）
熊谷光久『日本軍の人的制度と問題点の研究』（国書刊行会、一九九四年）
クリスティー（矢内原忠雄訳）『奉天三十年』上（『岩波新書』、岩波書店、一九三八年）
マーチン・ファン・クレフェルト（佐藤佐三郎訳）『補給戦』（『中公文庫』、中央公論新社、二〇〇六年）
黒澤文貴『二つの「開国」と日本』（東京大学出版会、二〇一三年）
桑田悦・前原透編『日本の戦争』（原書房、一九八二年）
玄洋社社史編纂会編『玄洋社社史』（葦書房、一九九二年復刻）
エリオット・A・コーエン（中谷和男訳）『戦争と政治とリーダーシップ』（アスペクト、二〇〇三年）
高坂正堯『政治的思考の復権』（文藝春秋、一九七二年）
郷田豊他『〈戦争論〉の読み方』（芙蓉書房出版、二〇〇一年）
古結諒子『日清戦争における日本外交』（名古屋大学出版会、二〇一六年）
小林一美『清朝末期の戦乱』（新人物往来社、一九九二年）
小林道彦『桂太郎』（『ミネルヴァ日本評伝選』、ミネルヴァ書房、二〇〇六年）
斎藤聖二『日清戦争の軍事戦略』（芙蓉書房出版、二〇〇三年）
坂本一登『伊藤博文と明治国家形成』（『講談社学術文庫』二一〇二、講談社、二〇一二年）

坂本多加雄『日本の近代2　明治国家の建設』（中央公論社、一九九九年）
佐々木揚編訳『一九世紀末におけるロシアと中国』（東京外国語大学アジア・アフリカ言語文化研究所、一九九三年）
アーネスト・サトウ（長岡祥三・福永郁雄訳）『アーネスト・サトウ公使日記』（新人物往来社、一九八九・九一年）
佐藤三郎『中国人の見た明治日本』（東方書店、二〇〇三年）
信夫淳平『戦時国際法講義』第二巻（丸善、一九四一年）
澁谷由里『〈軍〉の中国史』（『講談社現代新書』二四〇九、講談社、二〇一七年）
宿利重一『児玉源太郎』（マツノ書房、一九九三年復刻）
宿利重一『メッケル少佐』（マツノ書店、二〇一〇年復刻）
蔣廷黻（佐藤公彦訳）『中国近代史』（東京外国語大学出版会、二〇一二年）
上法快男編『陸軍大学校』（芙蓉書房、一九七三年）
末広鉄腸『北征録』（青木嵩山堂、一八九三年）
戴逸・楊東梁・華立（岩田誠一・高美蘭訳）『日清戦争と東アジアの政治』（大阪経済法科大学出版部、二〇〇三年）
高橋秀直『日清戦争への道』（東京創元社、一九九五年）
竹越与三郎『支那論』（民友社、一八九四年）
田保橋潔『日清戦役外交史の研究』（刀江書院、一九五一年）

趙景達『近代朝鮮と日本』（『岩波新書』、岩波書店、二〇一二年）
鉄壁城士編『明治義戦　征清軍記』（鈴木源四郎、一八九五年）
陶　徳民『明治の漢学者と中国』（関西大学出版部、二〇〇七年）
戸高一成『海戦からみた日清戦争』（『角川 one テーマ21』、角川書店、二〇一一年）
中川未来『明治日本の国粋主義思想とアジア』（吉川弘文館、二〇一六年）
中下正治『新聞にみる日中関係史』（研文出版、一九九六年）
中塚明・井上勝生・朴孟洙『東学農民戦争と日本』（高文研、二〇一三年）
野口武彦『江戸の兵学思想』（中央公論社、一九九一年）
野邑理栄子『陸軍幼年学校体制の研究』（吉川弘文館、二〇〇六年）
萩原延寿『遠い崖』（『朝日文庫』、朝日新聞社、二〇〇八年）
橋川文三『新装版順逆の思想』（勁草書房、一九八四年）
秦　郁彦『旧日本陸海軍の生態学』（『中公選書』〇一九、中央公論新社、二〇一四年）
原　　剛『明治期国土防衛史』（錦正社、二〇〇二年）
原　武史『直訴と王権』（朝日新聞社、一九九六年）
マイケル・ハワード（奥村房夫・奥村大作訳）『改訂版ヨーロッパ史における戦争』（『中公文庫』、中央公論新社、二〇一〇年）
馮　正宝『評伝宗方小太郎』（熊本出版文化会館、一九九七年）
広瀬玲子『国粋主義者の国際認識と国家構想』（芙蓉書房出版、二〇〇四年）

藤田久一『国際人道法』(世界思想社、一九八〇年)
藤村道生『日清戦争』(『岩波新書』、岩波書店、一九七三年)
保谷　徹『戊辰戦争』(『戦争の日本史』一八、吉川弘文館、二〇〇七年)
朴　宗根『日清戦争と朝鮮』(青木書店、一九八二年)
星　亮一『会津戦争全史』(『講談社選書メチエ』三四二、講談社、二〇〇五年)
堀場一雄『支那事変戦争指導史』(原書房、一九七三年)
前田　勉『近世日本の儒学と兵学』(ぺりかん社、一九九六年)
前田　勉『兵学と朱子学・蘭学・国学』(平凡社、二〇〇六年)
ウイリアム・H・マクニール(高橋均訳)『戦争の世界史』(刀水書房、二〇〇二年)
眞下菊五郎『明治戊辰梁田戦蹟史』(マツノ書店、二〇一〇年復刻)
松浦正孝『「大東亜戦争」はなぜ起きたのか』(名古屋大学出版会、二〇一〇年)
松下孝昭『近代日本の鉄道政策―1890~1922年―』(日本経済評論社、二〇〇四年)
松下孝昭『軍隊を誘致せよ』(『歴史文化ライブラリー』三七〇、吉川弘文館、二〇一三年)
松下芳男『増補版徴兵令制定史』(五月書房、一九八一年)
三石善吉『中国、一九〇〇年』(『中公新書』一二九九、中央公論社、一九九六年)
三宅紹宣『幕長戦争』(『日本歴史叢書』六九、吉川弘文館、二〇一三年)
三宅雪嶺『同時代史』(岩波書店、一九四九~五四年)
村岡健次『イギリスの近代・日本の近代』(ミネルヴァ書房、二〇〇九年)

村上兵衛『守城の人』（光人社、一九九二年）
村瀬信一『明治立憲制と内閣』（吉川弘文館、二〇一一年）
矢野仁一『日清役後支那外交史』（東方文化学院京都研究所、一九三七年）
山口宗之『陸軍と海軍』（清文堂出版、二〇〇〇年）
山本茂樹『近衛篤麿』（ミネルヴァ書房、二〇〇一年）
横山健堂『嘉納先生伝』（講道館、一九四一年）
イアン・C・ラックストン（長岡祥三・関口英男訳）『アーネスト・サトウの生涯』（雄松堂出版、二〇〇三年）
柳永益（秋月望・広瀬貞三訳）『日清戦争期の韓国改革運動』（法政大学出版局、二〇〇〇年）
和田春樹『日露戦争』上（岩波書店、二〇〇九年）
渡辺　浩『東アジアの王権と思想』（東京大学出版会、一九九七年）
Alex Marshall, *The Russian General Staff and Asia, 1800-1917*, Routledge, London, 2006.

著者紹介

一九六〇年、熊本県に生まれる

一九八三年、熊本大学法学部卒業

現在、熊本大学大学院人文社会科学研究部教授

主要著書

『近代日本の東アジア政策と軍事』(成文堂、二〇〇一年)

『児玉源太郎』(日本史リブレット人、山川出版社、二〇一四年)

歴史文化ライブラリー

480

陸軍参謀 川上操六

日清戦争の作戦指導者

二〇一九年(平成三十一)二月一日　第一刷発行

著　者　大《おお》澤《さわ》博《ひろ》明《あき》

発行者　吉　川　道　郎

発行所　株式会社　吉川弘文館

東京都文京区本郷七丁目二番八号

郵便番号一一三—〇〇三三

電話〇三—三八一三—九一五一〈代表〉

振替口座〇〇一〇〇—五—二四四

http://www.yoshikawa-k.co.jp/

印刷＝株式会社 平文社

製本＝ナショナル製本協同組合

装幀＝清水良洋・高橋奈々

ISBN978-4-642-05880-3

歴史文化ライブラリー

1996. 10

刊行のことば

現今の日本および国際社会は、さまざまな面で大変動の時代を迎えておりますが、近づきつつある二十一世紀は人類史の到達点として、物質的な繁栄のみならず文化や自然・社会環境を謳歌できる平和な社会でなければなりません。しかしながら高度成長・技術革新にともなう急激な変貌は「自己本位な刹那主義」の風潮を生みだし、先人が築いてきた歴史や文化に学ぶ余裕もなく、いまだ明るい人類の将来が展望できていないようにも見えます。このような状況を踏まえ、よりよい二十一世紀社会を築くために、人類誕生から現在に至る「人類の遺産・教訓」としてのあらゆる分野の歴史と文化を「歴史文化ライブラリー」として刊行することといたしました。

小社は、安政四年（一八五七）の創業以来、一貫して歴史学を中心とした専門出版社として書籍を刊行しつづけてまいりました。その経験を生かし、学問成果にもとづいた本叢書を刊行し社会的要請に応えて行きたいと考えております。

現代は、マスメディアが発達した高度情報化社会といわれますが、私どもはあくまでも活字を主体とした出版こそ、ものの本質を考える基礎と信じ、本叢書をとおして社会に訴えてまいりたいと思います。これから生まれでる一冊一冊が、それぞれの読者を知的冒険の旅へと誘い、希望に満ちた人類の未来を構築する糧となれば幸いです。

吉川弘文館

歴史文化ライブラリー

近・現代史

歴史文化ライブラリー

地図から消えた島々 幻の日本領と南洋探検家たち――長谷川亮一
日中戦争と汪兆銘《おうちょうめい》――小林英夫
自由主義は戦争を止められるのか 芦田均・清沢洌・石橋湛山――上田美和
モダン・ライフと戦争 スクリーンのなかの女性たち――宜野座菜央見
彫刻と戦争の近代――平瀬礼太
軍用機の誕生 日本軍の航空戦略と技術開発――水沢　光
首都防空網と〈空都〉多摩――鈴木芳行
帝都防衛 戦争・災害・テロ――土田宏成
陸軍登戸研究所と謀略戦 科学者たちの戦争――渡辺賢二
帝国日本の技術者たち――沢井　実
〈いのち〉をめぐる近代史 堕胎から人工妊娠中絶へ――岩田重則
強制された健康 日本ファシズム下の生命と身体――藤野　豊
戦争とハンセン病――藤野　豊
「自由の国」の報道統制 大戦下の日系ジャーナリズム――水野剛也
敵国人抑留 戦時下の外国民間人――小宮まゆみ
海外戦没者の戦後史 遺骨帰還と慰霊――浜井和史
学徒出陣 戦争と青春――蜷川壽惠
〈近代沖縄〉の知識人 島袋全発の軌跡――屋嘉比　収
沖縄戦　強制された「集団自決」――林　博史
陸軍中野学校と沖縄戦 知られざる少年兵「護郷隊」――川満　彰
沖縄からの本土爆撃 米軍出撃基地の誕生――林　博史
原爆ドーム 物産陳列館から広島平和記念碑へ――頴原澄子
戦後政治と自衛隊――佐道明広
米軍基地の歴史 世界ネットワークの形成と展開――林　博史
沖縄　占領下を生き抜く 軍用地・通貨・毒ガス――川平成雄
考証　東京裁判 戦争と戦後を読み解く――宇田川幸大
昭和天皇退位論のゆくえ――冨永　望
ふたつの憲法と日本人 戦前・戦後の憲法観――川口暁弘
団塊世代の同時代史――天沼　香
鯨を生きる 鯨人の個人史・鯨食の同時代史――赤嶺　淳
文化財報道と新聞記者――中村俊介

文化史・誌

落書きに歴史をよむ――三上喜孝
霊場の思想――佐藤弘夫
跋扈《ばっこ》する怨霊 祟りと鎮魂の日本史――山田雄司
将門伝説の歴史――樋口州男
藤原鎌足、時空をかける 変身と再生の日本史――黒田　智
変貌する清盛 『平家物語』を書きかえる――樋口大祐
鎌倉　古寺を歩く 宗教都市の風景――松尾剛次
空海の文字とことば――岸田知子
鎌倉大仏の謎――塩澤寛樹
日本禅宗の伝説と歴史――中尾良信

歴史文化ライブラリー

水墨画にあそぶ 禅僧たちの風雅——高橋範子
観音浄土に船出した人びと 熊野と補陀落渡海——根井 浄
殺生と往生のあいだ 中世仏教と民衆生活——苅米一志
浦島太郎の日本史——三舟隆之
〈ものまね〉の歴史 仏教・笑い・芸能——石井公成
戒名のはなし——藤井正雄
墓と葬送のゆくえ——森 謙二
仏画の見かた 描かれた仏たち——中野照男
運 慶 その人と芸術——副島弘道
ほとけを造った人びと 止利仏師から運慶・快慶まで——根立研介
祇園祭 祝祭の京都——川嶋將生
洛中洛外図屛風 つくられた〈京都〉を読み解く——小島道裕
時代劇と風俗考証 やさしい有職故実入門——二木謙一
化粧の日本史 美意識の移りかわり——山村博美
乱舞の中世 白拍子・乱拍子・猿楽——沖本幸子
神社の本殿 建築にみる神の空間——三浦正幸
古建築修復に生きる 屋根職人の世界——原田多加司
古建築を復元する 過去と現在の架け橋——海野 聡
大工道具の文明史 日本・中国・ヨーロッパの建築技術——渡邉 晶
苗字と名前の歴史——坂田 聡
日本人の姓・苗字・名前 人名に刻まれた歴史——大藤 修
数え方の日本史——三保忠夫
大相撲行司の世界——根間弘海
日本料理の歴史——熊倉功夫
吉兆 湯木貞一 料理の道——末廣幸代
日本の味 醤油の歴史——林 玲子・天野雅敏 編
中世の喫茶文化 儀礼の茶から「茶の湯」へ——橋本素子
天皇の音楽史 古代・中世の帝王学——豊永聡美
流行歌の誕生 「カチューシャの唄」とその時代——永嶺重敏
話し言葉の日本史——野村剛史
「国語」という呪縛 国語から日本語へ、そして〇〇語へ——川口 良・角田史幸
柳宗悦と民藝の現在——松井 健
遊牧という文化 移動の生活戦略——松井 健
マザーグースと日本人——鷲津名都江
金属が語る日本史 銭貨・日本刀・鉄炮——齋藤 努
書物と権力 中世文化の政治学——前田雅之
書物に魅せられた英国人 フランク・ホーレーと日本文化——横山 學
災害復興の日本史——安田政彦

民俗学・人類学

日本人の誕生 人類はるかなる旅——埴原和郎
倭人への道 人骨の謎を追って——中橋孝博
神々の原像 祭祀の小宇宙——新谷尚紀

歴史文化ライブラリー